"十三五"国家重点图书出版规划项目
本书由中国国际扶贫中心资助出版

国际减贫与发展丛书
THE INTERNATIONAL POVERTY REDUCTION AND
DEVELOPMENT SERIES

发展与幸福

Development and Happiness

冯贺霞 ◇ 著

社会科学文献出版社
SOCIAL SCIENCES ACADEMIC PRESS (CHINA)

摘　　要

长期以来，以收入为主的经济指标一直被视作度量福利水平高低的一个主要指标，而所有提高社会福利和促进发展的经济政策，最后大多归结于经济的长期增长。直到1974年，Easterlin发现发达国家出现了幸福不随收入增加而增加的"幸福收入悖论"现象，幸福及与其相关的问题重新回归到经济学家们的研究视野。然而，经济学对主观幸福感问题关注的重点依然是以收入为主的客观因素，对主观心理因素关注不够。获取幸福的路径，除了提高物质财富、教育质量等客观路径外，还包含个人关系需求、能力需求与自我实现，以及生活的意义和目标等主观路径。并且，随着物质生活水平的提升，获取主观幸福感的主观路径会越发重要，甚至会超过客观路径对主观幸福感的效应。因此在本书中，基于幸福收入悖论的客观现实，我们将影响幸福的客观因素与主观心理因素纳入模型分析中，分别从个体发展、宏观经济发展和城乡社会结构三个方面对幸福与发展问题进行了深入、细致的研究。

本书的研究主要从以下三个方面展开。

第一，研究个体发展对幸福的影响。一方面，个体的收入、教育、健康等客观层面的发展因素，以及个体的心理需要等主观心理因素均是影响个体主观幸福感的重要因素；另一方面，个体的这些发展因素很可能与其童年时期父辈的发展密切相关。基于此，本书运用 2008 年中国综合社会调查（CGSS）微观数据，采用多元递归概率模型（Recursive Multivariate Probit Model），研究童年家境对主观幸福感的直接效应，以及童年家境通过个体发展对主观幸福感的间接效应。实证结果表明，童年家境不仅直接影响个体的主观幸福感，而且通过个体的收入、教育及心理需要等因素间接影响个体的主观幸福感。可见，个体早期的经历对其幸福的间接效应很可能是造成幸福收入悖论的重要原因，这为破解幸福收入悖论提供了新的研究视角和方法。

第二，研究宏观经济发展对幸福的影响。该部分的主要研究目的在于从收入分配、民生投资等宏观经济变量视角破解我国纵向的幸福收入悖论。本书使用 2003～2008 年中国综合社会调查数据及相关的宏观数据，运用 Order Probit 模型，分析经济增长、收入分配以及政府在教育、医疗、社会保障方面的财政支出对居民幸福感的影响效应。实证分析的结论是，经济增长、物质财富的积累是实现居民主观幸福感的前提和基础。然而，经济增长、收入水平对居民主观幸福感的影响显著但系数较小，而相对收入地位的改善、公平的收入分配以及政府在教育、医疗、社会保障方面的民生投资却能显著提升居民的主观幸福感。

第三，研究城乡社会结构对幸福的影响。该部分的主要研究目的在于破解中国城市社会结构中的幸福收入悖论。中国经济快速增长的同时，城乡居民收入以及教育、医疗、社会保障等物质生活条件的差距不断扩大，但一些实证分析表明，中国农村居民的主观幸福感强于城镇居民。本书将这种悖论式的事实置于城乡二元经济社会结构现实之中，运用Order Probit模型对中国综合社会调查数据进行了实证分析。结果表明，一方面，城乡幸福收入悖论主要源于城乡居民不同的主观心态；另一方面，如果控制包括心态在内的其他条件，在那些绝对收入达到或超过71.3%的均值水平的城乡居民中，农村居民的幸福感强于城市居民。

上述分析结果启示我们：首先，幸福收入悖论并非意味着我们要抛弃经济增长，而是在实现经济增长的基础上，关注获取各种资源的公平机会，完善社会保障体系，实现经济、社会、环境与人的全面协调发展；其次，在促进我国可持续发展的进程中，要注重提高个体的教育水平，改善其健康状况，关注个体的主观心理；再次，由于父辈的发展状况对个体的发展有着重要的影响，因此在实施相关的福利政策时，要关注儿童的客观福利和主观心理福祉；最后，现代化、工业化、城市化都只是发展的路径而非发展的目的，城市化进程有可能是建造"幸福围城"的过程，从而违背城市化发展的基本初衷。就发展的终极目的而言，城市化不是发展的唯一路径，增加农民收入、为农民提供均等化的公共基础服务，在农村同样能增强人们的福祉。

目 录

导 论 …………………………………………… 1
 一 研究背景 ………………………………… 1
 二 研究的问题和意义 ……………………… 4
 三 研究内容、基本思路和框架 …………… 7
 四 研究方法与数据 ………………………… 10
 五 重要概念的说明 ………………………… 12
 六 研究的特色和可能的创新 ……………… 16

第一章 研究综述 ……………………………… 19
 一 幸福收入悖论 …………………………… 20
 二 探究幸福之源 …………………………… 25
 三 主观幸福感产生的心理机制 …………… 31
 四 中国幸福问题的研究进展 ……………… 36
 五 简评 ……………………………………… 41

第二章 主观幸福感的测量和理论发展 ……… 45
 一 主观幸福感的测量 ……………………… 45

二　经济学的幸福理论发展 …………………………… 53
　　三　简评 ………………………………………………… 65

第三章　个体发展与幸福 ………………………………… 66
　　一　研究背景和问题 …………………………………… 66
　　二　文献评论 …………………………………………… 68
　　三　模型、数据与变量 ………………………………… 74
　　四　核心变量的统计分析 ……………………………… 86
　　五　实证模型结果分析 ………………………………… 88
　　六　小结 ………………………………………………… 100

第四章　宏观经济发展与幸福 …………………………… 103
　　一　引言 ………………………………………………… 103
　　二　文献评论 …………………………………………… 105
　　三　理论框架和研究方法 ……………………………… 109
　　四　数据及变量统计 …………………………………… 117
　　五　实证模型回归结果分析 …………………………… 127
　　六　小结 ………………………………………………… 139

第五章　城乡社会结构与幸福 …………………………… 142
　　一　研究背景和问题 …………………………………… 143
　　二　文献评论 …………………………………………… 144
　　三　模型、变量与数据 ………………………………… 147

  四 实证结果与分析 ………………………… 150
  五 总结性的评论与启示 ……………………… 161

第六章 国民幸福指标体系实践经验借鉴 …………… 164
  一 经济发展指标的反思 ……………………… 164
  二 国民幸福指标体系的实践与应用 ………… 169
  三 国民幸福指标体系的实践经验和启示 …… 199

第七章 结论、政策建议及研究展望 ………………… 202
  一 主要结论 …………………………………… 204
  二 政策启示 …………………………………… 207
  三 研究展望 …………………………………… 213

参考文献 ……………………………………………… 217

导　论

一　研究背景

改革开放以来，我国经济发展取得了巨大成就，人均GDP 从 1978 年的 381 元跃升到 2014 年的 46531 元[①]。与此同时，我国居民的住房、教育、医疗、社会保障等各种社会福利也得到了大幅度改善，与 1980 年相比，2012 年我国人口预期寿命增加 6.7 年，平均受教育年限增加 3.8 年，预期受教育年限增加 3.3 年[②]。

然而，世界价值观调查（World Values Survey，WVS）显示，我国居民的幸福感并未随着经济的快速增长而提升，甚至出现下降的现象。1990 年、2001 年、2005 年、2007 年居民的平均幸福水平分别是 2.95、3.05、2.87、2.94，相应的平均生活满意度得分分别是 7.29、6.83、6.53、6.76。四次调查中，非常幸福和幸福人群的比例分别是

[①] http：//www.stats.gov.cn/.
[②] http：//www.stats.gov.cn/.

68.45%、84.1%、78.11%、76.71%。许多实证分析表明，中国最近20年的经济增长，并未带来民众生活满意度的相应提升（田国强、杨立岩，2006；朱建芳、杨晓兰，2009；邢占军，2011；何立新、潘春阳，2011；Easterlin et al.，2012）。在经济不断发展、人民社会福利不断改善的今天，却仍有这么多人找不到幸福的感觉，这实在是一个令人深思的问题。

早在1974年，Easterlin（1974）就通过盖洛普民意调查（Gallup Poll）数据发现，在美国，富人比穷人感觉到更多的幸福。然而在"二战"后，美国人的幸福度却没有随着经济的增长而明显增加。自此，人们将这种幸福与经济增长不一致的现象称为"Easterlin悖论"或者"幸福收入悖论"，而关于幸福与经济增长之间的关系一时之间成为各国学者关注的焦点。随后的研究表明，在法国、英国、德国和日本等发达国家，人们的幸福度同样没有随着经济的增长而增加（Easterlin，1995；Blanchflower and Oswald，2004）。

幸福偏离经济增长的事实，对新古典主义经济学的基本理念构成了挑战。在新古典经济学的分析框架中，"幸福"被定义为效用（Utility），为了分析简便，经济学家又进一步以货币支出来度量理性最大化的效用水平，从而使收入水平与效用水平、主观幸福感之间获得了一种虽是间接却是正相关的逻辑关联。由此，减少贫困、发展经济、提高社会福利水平，一切都源于经济的长期增长。不过，自1974年Easterlin发现幸福水平不随收入增加而提升的

"幸福收入悖论"以来，经济学家们越来越深刻地认识到幸福对经济发展的重要意义，长期被经济学束之高阁的幸福问题，重新回归到经济学的理论视野。正如 Layard（2005）所言，我们需要在学术界进行革命，幸福才是政府介入的明确目标，每一个社会学者都应该尝试理解幸福的决定因素。

主观幸福感是人们评价自身的生活质量而产生的主观感受（Veenhoven，1984），它依赖一定的客观外在事实，更与主观心理密切相关。可见，主观幸福感既包括客观物质福利，也包括个体的认知、情感等主观福利，具备多维度的特性。另外，Easterlin（2001）指出，主观幸福感虽然是不同个体根据自身的体验得出来的，但长期而言，影响主观幸福感的核心因素基本上是不变的，因此，主观幸福感具有相对稳定性、同一性、可比性的特征。另外，生物脑科学、心理学及统计学科的技术发展，为进一步准确测量主观幸福感提供了很好的技术支持。因此，已有研究表明，主观幸福感在衡量个体发展方面具有明显的工具性价值和内在性价值（Ng，1996；Frey and Stutzer，2002；Layard，2005；Alkire，2007）。

主观幸福感已付诸社会实践，成为衡量社会发展与进步的重要标准。随着"以人为本"发展理念的深入和完善，幸福成为发展的最终目标，成为检验发展的最终标准，得到了政策制定者的青睐。尤其是迪纳（Diener）于2000年在其"主观幸福感——快乐科学与社会指标"中提出的"幸福感应用的新方向——幸福指数"，大幅度增强了幸福指数的社会应用性。例如，不丹用国民幸福总值（GNH）

而非国民生产总值衡量国民福利，GNH 不仅强调生活质量、人民幸福和对地球的良好管理等人们生活中最重要的东西，而且鼓励大家讨论如何将利他主义、精神和道德信仰等因素与现行的经济学结合起来，以使得 GNH 更好地反映国民的真实福利。

二　研究的问题和意义

（一）研究的问题

当发展实践和理论研究同时把注意力转向人们的主观真实福利时，一些新的问题开始引起人们的注意。一方面，为何用主观幸福感评估社会总体福利及家户的福利改善程度？这种评估方法如何体现社会福利及个体福利的动态变化？又如何预测未来的福利状态？另一方面，从哪些角度选择发展的度量标准？如何根据发展的这些度量标准破解幸福收入悖论？进一步而言，若以主观幸福感作为检验个体发展的最终标准，那么个体发展对主观幸福感有着怎样的影响？其影响路径又是怎样的？再者，若以主观幸福感作为检验经济发展的最终标准，那么经济增长、城市化、现代化等宏观发展是否意味着人们幸福水平的提升？经济发展程度不同的地区，居民之间的主观幸福感是否存在差异？引起这种差异的原因是什么？发展的根本目标在于促进公民幸福。在中国倡导新型工业化、城镇化、农业现代化协调同步发展的时代背景下，在"以人为本"发展理念的指导下，从发展的终极目标去反思和分析这些问题具有重要的现实意义。

"幸福收入悖论"之所以存在，是因为GDP、收入、教育、医疗及社会保障等物质福利只是实现发展的手段，而提升居民的主观幸福感才是发展的最终目标，并且，主观幸福感不仅是人们的价值标准与发展目标中固有的组成部分，而且是度量发展实现程度的重要工具，这也是本书试图探讨和考察的基本内容。为了回答上述几个问题，本书从微观、宏观及城乡社会结构三个角度选择发展的视角，分别分析不同的发展度量标准对居民主观幸福感的影响及差异，以破解我国的幸福收入悖论。首先，本书基于个体发展的微观视角，纵向分析个体发展对其主观幸福感的影响，以此探讨实现个体全面发展的重要因素和条件。其次，本书基于经济增长（人均GDP）、收入分配、公共支出等宏观发展视角，以主观幸福感作为评价宏观经济发展的最终标准，分析宏观经济变量对我国居民主观幸福感的效应及其差异，并在此基础上探讨我国的经济发展方式。最后，本书基于城乡社会机构视角，分析城乡居民幸福感的差异，客观评价现代化、城市化对社会发展的影响。

（二）研究意义

1. 理论意义

第一，自"去心理化"的效用理论革命以来，以收入为主的经济指标一直被视作度量福利水平高低的一个主要指标，而所有提高社会福利和促进发展的经济政策，最终大多归结于经济的长期增长。以主观幸福感度量人们的真实福利,拓宽了发展问题研究的视野,突出了发展的最终目标——回归生活,回归到民众的主观幸福。

第二,在经济学领域,学者们更关注收入、失业、通货膨胀等客观经济条件对幸福感的影响,而对主观心理的因素关注不够。本书在强调经济增长、城市化发展等外在客观因素对人们幸福感发挥基础性作用的同时,超越一般经济学研究局限于客观因素的分析范式,关注客观因素发挥的主观心理机制,以及居民主观心理差异对幸福感产生的影响,突出了发展的客观维度与主观维度,这是对发展理论研究的一个重要补充。

第三,本书分别对收入与主观幸福感之间的相关性进行横向比较分析和纵向历时分析,为"幸福收入悖论"问题的研究提供了新的研究视角和方法。

2. 现实意义

2005年,中国科学院院士程国栋提出,要核算国民幸福指数,落实"以人为本"的发展观,建议相关部门制定一套国民幸福指数评价体系。2006年9月,国家统计局指出,将推出幸福指数、人的全面发展指数、地区创新指数,以及社会和谐指数等一些新的统计内容,以探讨经济社会的全面发展。2011年3月,幸福成为"两会"代表委员的热门话题之一,提高居民的幸福水平已成为各地"十二五"规划的共识。因此,我们以主观幸福感作为发展的目标和评价标准,探讨一条能够使人们的经济水平、幸福水平同步提高的路径,将有助于避免陷入"中等收入陷阱",同时也体现了"以人为本"的执政理念。并且，探讨客观因素及主观心理因素如何影响我国居民的幸福感，把握我国居民幸福感的形成机制，有利于宏观经济调控及宏观经济政策的制定，有利于实现经济、社会及人的全面协调发展目标。

三　研究内容、基本思路和框架

（一）研究的主要内容

本书主要基于个体发展、宏观经济发展及城乡社会结构三个发展视角研究我国居民的幸福收入悖论问题，具体内容如下。

第一，个体发展与幸福。一方面，个体发展维度涵盖了其健康、教育、收入及主观心理需要等方面的发展；另一方面，个体发展维度可能早在其出生前就被父辈的个体发展状况决定了。因此，本书尝试从童年家境视角，分析个体发展对其主观幸福感的影响，以破解幸福收入悖论。然而，童年家境对个体主观幸福感的影响不仅涉及教育、收入、心理需要等方面，更重要的是，这些影响是一个连贯的、互动的层次递进过程。基于此，本书运用2008年中国综合社会调查微观数据，采用多元递归概率模型，分析童年家境对个体主观幸福感的直接效应，以及童年家境通过个体的教育、收入、心理需要等发展因素对主观幸福感的间接效应，从而实现本书观点、方法的创新。

第二，宏观经济发展与幸福。该部分主要尝试从收入分配、民生投资等宏观经济变量视角破解我国的幸福收入悖论。本书使用2003~2008年中国综合社会调查数据及相关的宏观数据，运用Order Probit模型，分析经济增长（人均GDP）、收入分配及公共支出等经济发展的核心维度对主观幸福感的影响，评价经济增长对居民主观幸福感的贡献以及幸福收入悖论存在的条件，并在此基础上探讨中国的经济发展方式。

第三，城乡社会结构与幸福。中国经济快速增长的同时，城乡居民收入以及教育、医疗、社会保障等物质生活条件差距不断扩大，城镇、农村处于截然不同的"富"和"穷"两个社会系统。但一些实证分析表明，中国农村居民的主观幸福感强于城镇居民。本书将这种横向的城乡幸福收入悖论置于城乡二元经济社会结构现实之中，运用Order Probit模型对中国综合社会调查数据进行实证分析。在控制收入、人口统计特征变量及人生态度等主观心理变量的情况下，分析城乡居民幸福感的差异，以破解我国横向的城乡幸福收入悖论，进而客观评价现代化、城市化对社会发展的影响。

第四，国民幸福指标体系的构建及实践。介绍已付诸实践的幸福指标体系，在此基础上，分析已有幸福指标体系存在的问题和不足以及改进的方向。

（二）研究思路和章节安排

本书基于发展视角，分别评价、分析个体发展的核心维度、宏观经济发展的核心维度以及城乡社会结构对主观幸福感的影响与差异，在此基础上探讨影响和促进个体发展、宏观经济发展的重要因素，尝试破解幸福收入悖论。图0-1为本书的研究思路。

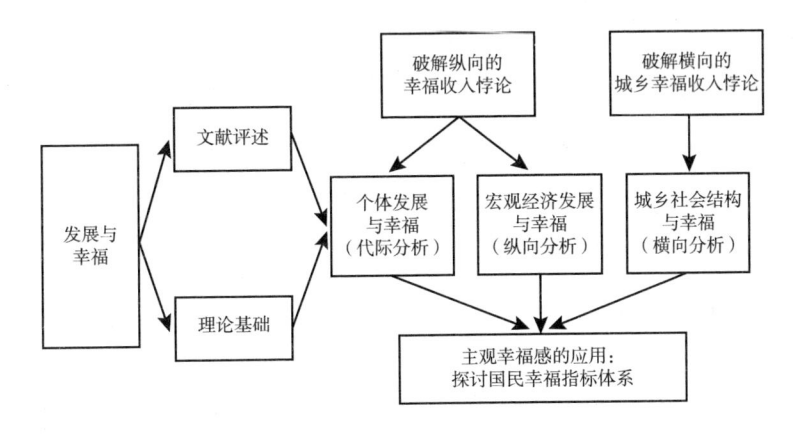

图0-1 本书的研究思路

具体章节安排如下。第一章以述论结合的方式，对与幸福问题有关的经济学研究文献进行梳理，并在此基础上探讨主观幸福感问题研究对当今中国人类实践和发展问题研究的意义及启示。第二章介绍经济学中主观幸福感理论的发展，并通过相关的理论分析，解释不同的发展维度对主观幸福感的影响。第三章基于个体发展的微观视角，通过使用2008年中国综合社会调查微观数据，通过教育、收入等客观路径，以及童年心理需要、目前心理需要等主观路径，对童年家境对个体主观幸福感的效应进行全相关分析，尝试从童年家境视角破解纵向的幸福收入悖论。第四章在2003~2008年中国综合社会调查数据的基础上，通过Order Probit模型，分析经济增长（人均GDP）、教育、医疗、社会保障等宏观经济发展维度对主观幸福感影响的差异，并在此基础上破解我国纵向的幸福收入悖论。第五章在控制收入、人口统计特征变量及人生态度等主观心理变量的情况下，分析城乡居民幸福感的差异，以破解横向的城乡幸福收入悖论，进而客观评价现代化、城市化对社会发展的影响。第六章是对国民幸福指标体系的探讨，主要介绍已付诸实践的幸福指标体系，并对已有幸福指标体系存在的问题和不足以及改进的方向进行探讨。第七章是全书的总结。

四　研究方法与数据

（一）研究方法

本书主要运用理论分析与经验分析相结合的方法。具体来说，第一章、第二章主要通过文献分析和理论分析，以述论相结合的方法，梳理了幸福收入悖论方面的文献以及经济学的幸福理论。第三章、第四章及第五章在相关理论分析的基础上，使用2005～2008年的三次中国社会综合调查数据，分别检验了个体发展、宏观经济发展及城乡社会结构对我国居民主观幸福感的影响，以破解我国的幸福收入悖论。其中，第三章在幸福函数最优化理论分析的基础上，主要使用多元递归概率模型，对个体发展变量对主观幸福感的影响进行代际分析，不仅分析了收入、教育及主观心理等个体发展变量对其主观幸福感的直接效应，而且分析了父辈的个体发展变量对子女主观幸福感的直接效应，以及父辈的个体发展变量通过子女的个体发展变量对子女主观幸福感的间接效应，尝试从童年家境视角破解我国居民的幸福收入悖论。第四章在分析社会可比性理论及适应性理论的基础上，主要使用最小二乘法（OLS）和Order Probit模型，分别纵向分析我国经济发展、收入分配及公共支出等宏观经济发展变量对居民主观幸福感的影响，尝试从收入不平等视角分析我国的幸福收入悖论问题。第五章从城乡社会结构视角，分析我国横向的城乡幸福收入悖论问题，主要使用Order Probit模型，并通过户籍与收入、生活态度等变量的交互项来观察居民的收入水平及生活态度在城乡二元社会中对幸福感所产生的不同效应。

（二）数据来源与说明

本书实证部分使用的数据主要是世界价值观调查数据、中国综合社会调查数据，以及相应年份《中国统计年鉴》中的宏观数据。中国综合社会调查是由中国人民大学社会学系与香港科技大学社会调查中心合作进行的调查项目。2003~2008年，中国综合社会调查共进行了5次年度调查（分别是2003年、2004年、2005年、2006年与2008年），对分布在全国28个省份、125个县（区）、500个街道（乡镇）的约1000个居民委员会及村民委员会中的4万多户家庭中的个体进行了入户问卷调查。CGSS的内容不仅涉及个人的户口状况、政治面貌、婚姻状况、宗教信仰、就业状况、教育经历等个人基本情况，而且包括父母的户口状况、政治面貌、教育水平及职业状况等。最重要的是，CGSS 还涉及个体对人生的态度与评价，以及对社会问题的评价等主观心理层面。

除了上述微观层面的个体特征变量外，本书的宏观经济变量，如人均 GDP、基尼系数以及政府在教育、医疗、社会保障方面的支出等数据，主要来源于相应年份的《中国统计年鉴》。在后续的实证部分，将会报告更为详细的数据来源及描述性统计。

五 重要概念的说明

（一）主观幸福感的规范性概念

幸福问题是人类社会古老而常新的研究论题之一，引起了哲学、心理学、经济学等众多学科研究者的共同关注。在哲学领域，亚里士多德（Aristotle）强调自我实现基础上的"人的健康幸福"，形成了"实现论"流派；边沁（Bentham）强调建立在人的快乐感受基础上的幸福，形成了"快乐论"流派。研究幸福的不同哲学传统，渗透于心理学领域，形成了心理学研究幸福的两大范式：一是沿袭"实现论"传统的心理幸福研究范式，它重视个体实现自我的能力及其心理需要的满足程度（Ryff and Singer, 1998；Ryan and Deci, 2000, 2001）；二是承袭"快乐论"传统的主观幸福研究范式，它重视个体的生活满意度与快乐（Diener, 1984；Kahneman et al., 1999）。

整体而言，经济学对幸福问题的研究基本上是秉承"快乐论"的边沁哲学传统，像心理学研究幸福一样，强调个体对物质生活的满意与快乐，即效用。从经济学角度看，主观幸福感是人们对自身目前生活质量进行积极的评价，分为两种：一种是基于认知的评价，主要是对生活整体领域和具体领域的满意度进行评价；另一种是基于情感的评价，包括对积极情感与消极情感的评价（Veenhoven，1984，1996，1999）。与心理学细致区分"生活满意度""快乐""主观幸福感"等概念不同的是，在经济学研究中，这些概念往往是交替使用的（Easterlin，2003；Layard，2005）。

主观幸福感是客观条件与人们的主观心理世界之间相互作用的综合结果，既取决于我们的外在环境，又与我们的内在心理密切相关。根据马斯洛需求层次理论（Maslow's Hierarchy of Needs），在经济条件尚未能满足生存需要的情况下，收入对幸福感的影响占据支配地位；在经济水平上升到能够满足生存需要的标准之后，内在心理对幸福感的影响占据支配地位，此时，人们关注更多的是情感、尊重、自我实现等方面的精神追求。因此，我们关注的幸福感应是建立在客观物质基础之上，并超越客观物质、关注内在心理的幸福感。这一定义在揭示幸福本质的同时，也为我们理解人类实践和发展的本义，尤其是非物质组成部分的发展对实现幸福重要性的理解提供了广阔的视野。

幸福问题本身是一个跨学科的综合性问题，不同的学科基于各自不同的研究目的，在不同的理论视野中通过不同的理论范式对幸福问题展开研究。值得注意的是，这些研究越来越呈现交叉融合的趋势。在经济学的基本分析框架中，学者们越来越重视伦理学、心理学及社会学等学科的研究成果和研究方法，融入关注人类生存与发展的时代潮流。现代经济学对主观幸福感问题的研究，突破了传统意义上的分析局限，将主观幸福感作为个体发展的目标之一，使得对个体发展的度量跳出了传统的健康、教育及收入等客观层面，丰富了个体发展的内涵，拓展了经济学的理论视野。因此，可以说，从发展趋势看，关于幸福问题的经济学研究似乎越来越回归到亚里士多德的"实现论"哲学，越来越重视个体实现自我的能力及其心理需要的满足程度。

（二）发展的角度选择

在历史发展的不同时期，人们对发展有着不尽相同的理解和界定。发展的内涵和外延也随着人们对发展认识的不断深化而变化，从经济增长到经济发展、人类发展、可行能力发展，再到国民幸福，"发展"的概念从一维演变到多维，逐步实现了从"以物为中心"向"以人为中心"的转变。然而，任何时期，人们对幸福的追求是不会变化的，也即财富的增长、经济的发展及人的发展均是人们实现幸福的重要手段，而幸福才是人类社会发展的终极目标，这一点是不证自明的（Layard，2005）。

明确了发展与幸福的逻辑关系之后，从发展的哪些角度研究幸福问题呢？人的发展是一个多维度概念，既涵盖收入、教育等客观层面的维度，也包括个体的主观心理福祉。因此，本书根据经济学、心理学对幸福问题的研究成果，判断影响幸福的主要影响因素，并在此基础上选择发展的维度。本书主要从个体发展、宏观经济发展及城乡社会结构三个角度研究幸福问题。

首先，收入、健康及教育是解决人的发展的三个基本问题，收入与健康解决人的生存问题，是人综合发展的前提和基础，而教育解决人的发展能力问题，较高的教育水平意味着更多的发展机会和发展空间。因此，书中的个体发展包括个体的收入、教育、健康、职业、婚姻家庭关系及人口特征等方面。另外，与已有研究集中关注个体收入、就业等经济条件不同，本书结合经济学、心理学的研究成果，还重点分析了个体的主观心理因素对个体主观幸福感的影响，以更全面地分析个体发展对其主观幸福感的影响。并且，本书还关注父辈的家庭社会经济地位、父辈的职业及教育水平等对个体发展的效应，以及通过该效应对个体主观幸福感的间接效应。

其次，根据经济学已有研究文献，本书主要从经济增长（人均GDP）、收入分配（基尼系数）以及政府对教育、医疗、社会保障等的财政支出方面选择宏观的经济发展维度。

最后，本书重点分析了城乡社会结构中的幸福收入悖论及其影响因素。通过相关的数据及实证模型，将主观幸福感对发展的维度进行回归分析，以比较不同维度对个体实现全面发展与幸福的贡献。

六 研究的特色和可能的创新

(一) 研究视角的新颖

首先,已有研究主要从某一个侧面研究发展的某种因素对幸福的影响,如个体的收入、就业、教育等微观视角,或者经济增长、收入分配、失业、公共支出等宏观视角。事实上,上述个体发展及宏观经济发展的重要指标是浑然一体、相互作用的,并共同对个体的主观幸福感产生影响。因此,本书从个体发展、宏观经济发展及城乡社会结构三大维度选择发展视角,更全面地分析不同的发展维度对主观幸福感的影响。

其次,幸福是人们评价自身生活质量而产生的主观感受(Veenhoven,1984),既取决于周围的环境,又与我们的内在心理密切相关。关于幸福感问题,早期的研究多聚焦于外在因素对幸福感的影响,当人们发现外在客观因素对幸福感的影响不甚显著时,相关研究便逐渐转向主观心理因素对幸福感的影响机制。在经济学领域,学者们更关注收入、失业、通货膨胀等客观条件对幸福感的影响,大体处于幸福研究谱系的早期阶段。哲学告诉我们,外因通过内因发挥作用,主观评价与感受生活质量的幸福感更是如此。基于这种理解,本书从客观因素、主观心理两个层面研究幸福问题,并在此基础上探讨幸福感的理论意蕴与实践意义。

最后,总体而言,经济学关于幸福问题的研究主要是围绕"Easterlin 悖论"展开的,关注的焦点是纵向上的幸福收入悖论问题。仔细反思 Easterlin 的实证研究结论,不难发现,"Easterlin 悖论"的含义是双重的:一是在一个经济体之内,就纵向的历时态而言,幸福感并不随收入的增长而增加;二是在不同经济体之间,就横向的截面而言,国民的幸福感并不随富裕程度的提高而增加。从这个角度看,迄今关于"Easterlin 悖论"的解释绝大部分是针对第一层面即纵向上的幸福收入悖论问题,而对第二层即横截面上的幸福收入悖论问题关注较少。

然而,当我们面对中国城乡幸福收入悖论时,却不能忽略中国长期形成的城乡二元经济社会结构这个客观现实。由于我国特殊的城乡二元结构,农村居民不仅在收入上低于城市居民,而且在赋权和发展机会方面与城市居民相差甚远,农村生活在基础设施、住房、教育、医疗、社会保障等各方面落后于城市,再加上户籍限制,城乡分割为"富"与"穷"两个截然不同的社会系统。中国城乡幸福收入悖论更多的是横截面上的"Easterlin 悖论",这既是我们对研究对象的一种基本判断,也是本书在研究视角上的一种创新。

(二) 研究方法的独特

1. 多元递归的实证分析方法

已有研究主要集中在关注个体自身的收入、教育、心理等某一方面因素对主观幸福感的直接效应,事实上,个体的收入、教育及主观心理等发展状况与童年时期的家庭经济状况、父母的职业及教育程度等父辈的发展状况存在一定的相关性,自然,童年时期父辈的发展状况会通过个体发展因素间接地影响个体的主观幸福感。因此,研究个体的发展对其主观幸福感的影响不得不考虑其童年时期的家庭经济状况、父母的职业及教育程度等。然而,童年时期父辈的发展状况对个体发展的影响是一个过程,涉及的这些因素对个体的教育、收入及心理等方面均有影响,并且,这些方面是一个连贯的过程,相互之间存在层次递进性关系,共同对个体的主观幸福感产生综合性影响。基于此,本书通过微观家户调查数据,运用多元递归概率模型,分析童年家境对个体主观幸福感的直接效应与间接效应,从而实现本书观点、方法的创新。

2. 城乡社会结构中的幸福收入悖论分析方法

也有国内学者关注我国城乡居民幸福感的差异问题,然而,其研究思路不外乎两种:或者在回归中通过户籍项,或者直接进行样本分组,关注的重点是城乡收入或其他客观物质方面的差异对城乡居民幸福感产生的不同影响。本书使用2005年、2006年、2008年三年的微观入户调查数据,运用 Order Probit 模型,通过户籍项及其与其他变量的交互项的系数来判断城乡居民幸福感的差异。值得注意的是,为了观察绝对收入、相对收入及预期收入在城乡二元经济结构中对幸福感所产生的不同效应,本书增加了城市户籍与绝对收入、相对收入及预期收入交互项;为了观察居民的生活态度在城乡二元社会中对幸福感所产生的不同效应,本书在模型中还增加了城市户籍与生活态度变量的交互项。

第一章 研究综述

幸福问题是人类社会古老而常新的研究论题之一，引起了哲学、心理学、社会学、经济学等众多学科的共同关注。20世纪50年代，伴随着生活质量的提高以及社会指标运动，幸福问题吸引了社会科学学者的眼球。虽然经济学对幸福问题的研究起步较晚，但通过其独特的理论基础及计量模型、统计方法，发展了较为成熟的经济学幸福理论，并产生了具有实践意义的研究成果。Frey和Stutzer（2002）、Di Tella和MacCulloch（2006）以及叶初升、冯贺霞（2014）等对幸福问题的经济学研究进行了系统的综述。在此，本书以述论相结合的方式梳理与"幸福收入悖论"相关的文献及其新进展，为后续的实证研究提供了充分的理论依据，打下了坚实的文献基础。本章的文献评述主要分为幸福收入悖论、探究幸福之源（个体发展与幸福、宏观经济发展与幸福）、主观幸福感产生的心理机制（攀比心理与适应性心理）、中国幸福问题的研究进展及简评五个部分。

一 幸福收入悖论

关于"幸福悖论"的讨论，始于 Brickman 和 Campbell 于 1971 发表的一篇论文《享乐的相对主义和规划美好的社会》。两位心理学家在其研究中将"适应水平"（Adaptation Level）理论应用到个体和集体幸福中，得出"更好的客观生活条件对个人福利没有影响"的结论。同一时期，Richard Easterlin 和 Tibor Scitovsky 进行了一项调查研究，其调查以一个直接的问题展开："一般而言，你感觉你有多幸福——很幸福、相当幸福或者不幸福？"（Easterlin，1974）。Easterlin（1974）的实证研究表明，一方面，在一国内部，富人确实比穷人更加幸福，但随着时间的流逝，快速增长的人均 GDP（或 GNP）并没有相应地提升居民的幸福感；另一方面，跨国比较研究并没有显示富国比穷国更幸福。自此，人们将幸福不随收入增长而增加的现象称为"幸福收入悖论"或"Easterlin 悖论"。随后的调查表明，在德国、英国、法国和日本等国家，这种矛盾同样存在（Easterlin，1995；Blanchflower and Oswald，2004；Layard，2005）。Ng 和 Wang（1993）、Frey 和 Stutzer（2002）、Ng（2003）的研究也表明，收入与幸福的确存在负相关关系，从而进一步支持了"Easterlin 悖论"。

Kenny（1999）的研究却得出这样的结论："是幸福促进增长而非增长促进幸福。"这样就翻转了幸福和收入之间的因果关系。更有学者认为收入和幸福之间存在负相关关系。Stutzer（2004）直接指出收入和幸福之间存在负相关性。

Veenhoven（1991）针对"幸福收入悖论"提出了绝对幸福理论，认为人们的幸福感以基本需要为标准，不存在相对的幸福标准。他使用1975年盖洛普国家间的幸福感民意测验数据，发现各国人均GNP与幸福感的正相关系数高达0.84（$p<0.01$）。部分研究还表明，幸福与收入存在显著的正相关性，而且相比发达国家，发展中国家的居民收入对主观幸福感的正效应更大（Lelkes，2006；Clark et al.，2008）。Frijters等（2004）根据面板数据估计了德国居民幸福感影响因素的固定效应模型。研究表明，1991~2001年，原东德居民幸福感提升中35%~40%的部分是由其实际收入的增长所解释的。

幸福和收入之间到底存在怎样的关系？"Easterlin悖论"指出，随着人均GNP的快速增长，人们的平均幸福水平基本保持不变（Easterlin，1974，1995）。然而，也有一些典型的文献却发现幸福与收入之间呈正相关关系（Veenhoven，1991）。而这两种观点伴随着"相对收入"的出现而逐渐趋向一致（Clark et al.，2008）。大多数学者坚持"相对论"，认为幸福和绝对收入之间的关系不是很明显，而与相对收入之间有着明显的关系。Knight等（2006）对中国9200个家庭进行调查，他们不仅明确被调查者来自哪里，而且很确定70%的被调查者把他们同村人作为参照群体。调查结果表明，那些收入水平高于全村平均收入水平者的幸福水平远远高于那些收入水平低于全村平均收入水平者。Blanchflower 和 Oswald（2000）发现，如果一个国家的平均收入与个人收入增长的幅度相同，那么这个国家平均收入增长给人们带来的幸福感将会比个人收入增长给人们带来的幸福感减少 1/3。Clark 和 Oswald（1996）指出，其他同事工资同幅度的增长将会抵消人们因工资增长而带来的工作满意度。

寻找对"幸福收入悖论"的合理解释，成为经济学家们关注的焦点之一。一些研究表明，当收入尚未满足基本需求水平时，收入与幸福呈正相关；当收入超过基本需求水平之后，收入与幸福的正相关性将不复存在（Veenhoven，1999；Layard，2005；Ferrer and Carbinell，2005；Knight et al.，2006）。Robert（2000）的实证分析表明，一旦个人的收入上升到贫困线或"生存水准"（Subsistence Level）之上，则主观幸福感主要来源于朋友带来的友谊或美好的家庭生活，而不是收入水平的提升，而这个最低"生存水准"应该是 10000 美元以上的银行存款。Graham 和 Pettinato（2001）的研究表明，收入水平的上升虽然不能提升整个社会居民的幸福感，却能显著提升低收入阶层居民的幸福感，并且当收入水平较低时，绝对收入的增加能够提升居民的幸福感，但当收入上升到一定水平后，绝对收入对主观幸福感的作用弱化。

一些学者认为，随着收入水平的提升，人们对收入的期望也不断增长，进而使得幸福水平并未随着收入的增长而提升（Easterlin，1974，1995）。Campbell 等（1976）经调查发现，40% 的被调查者认为自己得到的比自己想要的要少得多，生活水平满意度是18个不同来源满意度中最能预测主观幸福感的一个变量。Andrews和Withey（1976）的研究发现，主观幸福感与收入满意度之间具有很强的正相关性，且相关系数是0.4。Ackerman和Paolucci（1983）的研究表明，无论被调查者的收入水平有多高，若他们实际得到的收入比期望的收入低，则其主观幸福感相应地就会低。Michalos（1985）对加拿大居民的研究发现，个人实际得到的收入与三年前期望得到的收入之间的差距解释了其生活满意度的53%。Stutzer（2004）对瑞士居民幸福感的研究发现，期望收入显著降低了居民的主观幸福感。

另一些学者认为，收入通过非收入因素间接影响幸福感，收入与幸福之间的弱相关性，可能是因为忽视了这种间接效应（Luttmer and Erzo, 2005；Di Tella and MacCulloch, 2006）。Cummins（2000）的研究表明，收入通过各种内外部因素间接地影响人们的幸福感，当各种内外部因素调节均产生积极影响时，收入才与幸福感呈显著的正向关系，也就是说，收入与幸福呈现有条件的正相关关系。

一些文献也注意到人口特征、社会环境（包括民主和社会条件）对幸福感的影响（Diener and Diener, 2000；Ryan and Deci, 2001；Diener and Tov, 2007）。Veenhoven（1996）的研究发现，在发达国家，人口特征因素，如性别、年龄、收入、教育、职业等社会人口统计变量，能解释个体生活满意度差异的10%；社会参与因素，如有报酬的工作、参加自愿组织、家庭关系（婚姻、孩子），能解释个体生活满意度差异的10%；生活事件，如晋升、疾病、事故等偶发事件，能解释个体生活满意度差异的25%；个人能力，如处理生活问题的能力、把握机遇的能力等，能解释个体生活满意度差异的30%。其中，部分研究表明，年龄对主观幸福感有负向的影响（Di Tella et al.，2001；Rojas，2005）；而另一部分研究则表明，年龄对主观幸福感有正向的效应（Bukenya，2001；Cheung and Leung，2004）。Frey 和 Stutzer（2002）的研究发现，60岁及以上的个体要比60岁以下个体的主观幸福感高，但当年龄小于60岁时，年龄对主观幸福感的效应是负向的，而年龄大于等于60岁时，这种效应是正向的。年龄对主观幸福感的"U"形关系得到了大多数学者的认可，也即主观幸福感随着年龄的增长而不断降低，但到一定的拐点后，主观幸福感随着年龄的增长而不断提升，但学者们对年龄拐点值有着不一样的发现。Blanchflower 和 Oswald（2000）对英国、美国居民主观幸福感的研究发现，英国男性和女性的年龄拐点分别是37岁和41岁，美国居民的年龄拐点是40岁左右；Oswald（1997）对欧洲居民主观幸福感的研究表明，欧洲居民的年龄拐点在30岁左右；Appleton 和 Song（2008）对中国居民主观幸福感的研究发现，中国居民的年龄拐点在40岁左右。

还有一部分研究发现，人的个性、心理对主观幸福感有着显著的效应。Diener（1985）的研究发现，乐观型、外向型性格和自尊心较强的人更幸福。Scheier 和 Carver（1985）的研究表明，与悲观主义者相比，乐观主义者更幸福。Lachman 和 Weaver（1998）的研究发现，对于低收入水平者来说,那些具有乐观型性格的人的不幸福程度更低一些;而对于那些悲观主义者而言,他们往往在很长时间内沉浸在不幸生活状态中难以自拔,具有相对较低的主观幸福感(Frey and Stutzer,2002)。

可见,主观幸福感是指人们评价自身生活质量而产生的主观感受,它既依赖一定的客观外在事实,也与主观心态密切相关。

二 探究幸福之源

(一)个体发展与幸福

总体而言,经济学关于幸福问题的研究主要是围绕"幸福收入悖论"展开的,相关研究主要建立在以下函数基础之上:$Y=f(x_1, x_2, \cdots, x_n)$。其中,被解释变量 Y 表示主观幸福感,而解释变量 $x_1, x_2, \cdots, x_n$ 分别表示收入、失业、通货膨胀以及教育、健康等个体特征变量。

Layard(2005)指出了七个影响主观幸福感的突出因素,即家庭关系、财务状况、工作、社区和朋友、健康、个人自由,以及个人的价值观。前五个影响因素是依照重要性大小进行排列的:家庭关系对主观幸福感的效应是最大的,其次是财务状况、工作、社区和朋友以及健康。Frey 和 Stutzer(2002)认为,影响幸福的五种决定性因素分别是个性因素(如自尊、自控、乐观、外向和精神健康等)、社会人口因素(如年龄、性别、婚姻状况和教育)、经济因素、情形因素（如具体的就业和工作条件、工作单位的压力、人际关系、婚姻关系、生活条件以及健康状况）、体制因素。关于收入与主观幸福感之间相关性的文献，前文已做了详尽的梳理，接下来，本书重点分析就业、婚姻关系、教育及健康与主观幸福感之间相关性的文献。

对人类而言，最重要的人际关系就是婚姻与家庭。而且婚姻确实能够提高人们的幸福水平，且已婚者所报告的幸福水平比那些未婚者、离婚者、分居者和鳏寡者所报告的幸福水平都要高。从1981年起，"世界价值观调查"对影响幸福的因素进行了四次调查，发现收入减少1/3（假定全国所得维持恒定），幸福指数在评量等级（从10分到100分）上将下降2分。但是，家庭关系对幸福的影响更大：若某人离婚了，他的幸福指数会下降5分，这比失去1/3薪水的影响力还要大2倍。如果某人与配偶分居（表示近期有关系破裂的事件），那么情况会更糟，丧偶更是严重的打击。

教育是促进人类发展和提升个人能力的重要途径，教育与主观幸福感的相关性逐渐引起了一些学者的关注。很多经济学家在提到"人力资本"这个概念时，一般指的是教育，且教育水平的差异一般也可以用来解释成人在工资、收入等方面的差异（Currie，2009）。因此，教育对幸福的影响一般是通过收入与幸福之间的关系来衡量的。但是，教育有可能提高人们的抱负水平，相关研究表明，当人们受到打击时（如失业），那些受过良好教育的人比那些受过较少教育的人更容易产生悲观的情绪（Clark and

Oswald, 1994)。教育水平的提升会使一个人对收入预期以及分析风险方面的能力有所提升, 当然, 这种过高的收入预期也可能会附带着较大的收入落差带来的悲观情绪。总之, 教育对幸福的影响主要是间接方面和心理方面的, 但给人们带来的是正向的还是负向的影响仍存在争议。

一些学者认为, 教育对主观幸福感有正向的影响(Oswald, 1997; Blanchflower and Oswald, 2004); 另一些学者认为, 教育对主观幸福感的正向效应不显著, 甚至产生了负向效应(Clark, 2003; Knight and Gunatilaka, 2007)。关于教育对主观幸福感影响的研究仍存在分歧, 这种分歧产生的原因一方面可能是样本选择的差异, 另一方面可能是在计量分析过程中对控制变量的选择存在差异。

相比教育对主观幸福感的效应是正向还是负向的争议, 健康对主观幸福感的正效应往往得到学术界的一致认可(Frey and Stutzer, 2002; Blanchflower and Oswald, 2004)。良好的健康状况是个人获得更好就业机会及增加个人福利的重要保证, 但是在研究幸福的影响因素时, 往往容易忽视健康因素。尤其是在身体健康的情况下, 被调查者更容易忽视健康问题对幸福的重要性, 但是, 对于被疾病困扰的人而言, 健康就上升为导致不幸福的主要因素。

经过40多年的研究, 经济学已经能够运用成熟的模型去解释个体的主观幸福感, 且相关研究一般指向一些具有显著水平的解释变量: 年龄、性别等人口统计特征变量, 以及收入、教育、就业、健康、人际关系等变量。然而, 经济学对个体的主观心理因素, 如自我控制、关系需要、能力需要等关注较少。Ryff 和 Singer（1998）认为，影响人们主观心理福祉的 6 个因素是自我治理、自我接纳、个体的成长、生活的目的和意义、个体对外在环境的控制以及积极和谐的人际关系。Ryan 和 Deci（2000，2001）认为，人们的三大心理需要——自我治理、能力需要以及关系需要是影响人们主观幸福感的重要心理因素。

（二）宏观经济发展与幸福

在经济学研究中，经济增长、失业、通货膨胀以及收入分配等宏观变量是人们研究主观幸福感的重要宏观因素。和收入与幸福的错综复杂关系相比，失业与通货膨胀对幸福感影响的研究结论基本一致：失业与通货膨胀显著降低了幸福感（Frey and Stutzer, 2002；Di Tella et al., 2001, 2003, 2006）。Frey 和 Stutzer（2002）认为，失业对福祉的影响程度超过了其他任何因素，包括那些诸如离婚和分居等重要的消极因素，这是因为失业不仅给个体带来了收入损失，而且给个体带来了心理损失，如失业会产生压抑与焦虑，甚至会给个体带来某种耻辱感，并且这些心理损失对幸福感的负效应远大于收入损失对幸福感的负效应。显然，与传统经济理论"工作给人带来负效用"的假设不同，工作能提升幸福感，没有工作会带来巨大的福利损失，不仅包括物质方面的福利损失，而且还有失业对个体带来的心理负效用。

失业与通货膨胀对主观幸福感的负效应哪个更为显著？在相关实证研究中，控制了国家固定效应，以及具有国家针对性的时间趋势，幸福感被认为以一种线性的方式取决于失业、通货膨胀。Frey 和 Stutzer（2002）的研究表明，失业、通货膨胀对幸福感的负效应之比是 1.7∶1，也即失业率每上升 1 个百分点，通货膨胀率需要降低 1.7 个百分点才能抵消；而 Di Tella 等（2003）认为两种负效应之比高达 2.9∶1。Wolfers（2003）的研究表明，失业给人们带来的不幸是通货膨胀给人们带来不幸的 4.7 倍。Di Tella 等（2001）的研究发现，失业对幸福的负效应是通货膨胀对幸福负效应的 2 倍。传统意义上的痛苦指数赋予失业与通货膨胀相同的权重，从而会低估失业者受到的福利损失，这样的做法扭曲了事实。

面对经济增长与居民主观幸福感不一致的现象，一些学者认为，收入不平等削弱了经济增长对居民主观幸福感的正效应。首先，Deaton（2003）认为，收入不平等使贫富群体获取医疗、社会保障等公共产品的机会不平等，富裕群体能够享受更好的医疗保健服务，拥有更多的受教育机会，而大多数贫困群体还在贫困线上挣扎，几乎得不到基本的医疗保健服务和教育机会。显然，收入不平等以及由此造成的公共服务差异降低了低收入群体的主观幸福感。其次，Wilkinson（1996）认为，收入不平等导致不同群体之间存在相对收入地位差异，这样，即使所有群体的收入水平均提高了，但若是人们的相对收入地位下降了，人们的主观幸福感仍然会有下降的可能，尤其是那些相对收入地位较低的群体，会感到压抑、自卑、无助等。Kawachi 等（1999）认为，收入不平等的扩大，将会使人们之间的信任度和互惠度下降，甚至使社会矛盾激化，这些均不利于人们主观幸福感的提升。Alesina 等（2004）用 123668 份调查问卷的调查结果研究不平等对幸福的影响，结果表明，当不平等水平越高时，人们自我报告的幸福水平就越低。

政府在教育、医疗、社会保障等方面的财政支出是收入再分配的一种形式（Ng，2003），一些学者从公共支出视角解释幸福收入悖论问题。Guriev 和 Zhuravskaya（2009）的实证分析表明，收入不平等、公共产品的破坏等使得转型国家居民的主观幸福感下降。Ram（2009）根据 145 个国家的大样本调查数据研究发现，在控制经济增长等国家特征变量后，政府支出的增加能显著提升居民的主观幸福感。Di Tella 等（2003）的研究表明，欧盟 11 个国家的政府失业保障支出显著提升了其居民的主观幸福感。

众所周知，城市化、工业化是发展中国家发展的重要目标，然而，研究城市化与居民幸福感之间关系的文献没有得出一致的结论。部分研究表明，城市化对居民幸福感有着负向的作用。Hynson（1975）通过对 60 岁及以上老人的幸福感进行调查研究发现，农村老年人的幸福感明显高于城市老年人。Gerdtham 和 Johannesson（2001）对瑞典城乡居民的主观幸福感进行的研究表明，居住在瑞典三大城市的居民的主观幸福感低于其他地区居民的主观幸福感，并且，居民的主观幸福感随着城市规模的扩大而单调递减。然而，Kushman 和 Lane（1980）对加利福尼亚老年人的研究表明，农村老年人和城市老年人的幸福感没有显著差别。

21 世纪以来，相关文献对城市化与居民幸福感之间关系的研究基本上得出了一致的结论：生活在大城市将降低居民的主观幸福感（Graham and Felton，2006；Hudson，2006）。另外，有的学者认为，城市化与居民幸福感的相关关系在城市规模或人口数量上存在临界值。Gerdtham 和 Johannesson（2001）对瑞典居民幸福感的研究发现，生活在县城或者居民人数在万人以下规模城镇的居民，其幸福感要高于生活在瑞典三大城市的居民。

可见，针对 Easterlin（1974，1995，2012）的幸福收入悖论现象，宏观发展方面的相关研究主要从收入分配、收入再分配（公共支出）等宏观经济因素视角破解幸福收入悖论，这为本书第四章、第五章宏观经济变量的选择提供了重要依据。

三 主观幸福感产生的心理机制

关注收入、失业、教育等客观因素对主观幸福感的影响，一直是经济学研究幸福问题的重要路径，我们不妨将其称为研究幸福问题的客观路径。当人们发现外在的客观因素对幸福感的影响不甚显著时，许多学者逐渐转向以主观心理因素解释幸福的差异，即研究幸福问题的主观路径。从现有的文献看，研究幸福问题的主观路径有两个切入点：攀比心理与适应性心理。

（一）攀比心理

心理学家一直认为，人们的自我形象和自我评价主要依赖各种各样的比较：与其他人的比较、与自身标准和目标的比较，以及真实的和目标状态的比较（Festinger, 1954；Dermer et al., 1979；Argyle and Furnham, 1983；Strack et al., 1985）。人是一种社会性的动物，个人的主观幸福感往往是以他所在的社群为参照系，并通过社会比较过程而产生的。幸福与否的关键是参照人群的选择，参照人群的选择依赖各种因素，包括对客体的评价以及相关的背景（Dittmann and Goebel, 2010）。

哈佛大学公共健康专业研究生进行问卷调查时要求被调查者在 A 和 B 之间做出选择。

A：你赚 5 万美元，而其他人赚 2.5 万美元。

B：你赚 10 万美元，而其他人赚 25 万美元。

一半以上的被调查者选择了 A。

同样的被调查者进行以下选择。

C：你有两周的假期，而他们只有一周的假期。

D：你有四周的假期，而他们却有八周的假期。

只有 20% 的被调查者选择了 C。

从上述两个调查中我们可以发现，人们的攀比心理主要建立在以收入为基础的经济层面，对非收入因素，如社会闲暇，不是很敏感。这进一步说明了已有文献用相对收入解释个体攀比心理的可行性和正确性。

强调相对收入对主观幸福感决定性作用的主要代表人物是 Easterlin，他在一系列文章中强调相对收入对幸福感的重要性，幸福感随着自身收入水平的提高呈正向变化，但随着他人收入水平的提高则呈反向变化，且后者的效应更大，最终导致了"幸福收入悖论"现象（Easterlin，1995，2001，2003，2012）。

相关实证分析进一步表明，建立在他人收入基础之上的相对收入对幸福感起着决定性作用（Clark and Oswald，1996；Blanchflower and Oswald，2004；Kahneman and Krueger，2006；Clark et al.，2008；Alesina et al.，2004）。Clark 和 Oswald（1996）的实证结果表明，人们倾向于选择那些与自己有相同特征（如教育、职业、居住地等）的个体作为比较对象，并且，个体工资的增加能显著提高其幸福感，但是，若同事工资亦等幅度增长，将会抵消其因工资增加而带来的幸福感。Luttmer（2005）根据美国 9000 个家户微观调查样本，发现当地整体水平提高时，居民的主观幸福感随着个体收入水平的提高反而下降，并且，在当地社交范围越广泛的群体，其主观幸福感受相对收入的影响更明显。Easterlin（2012）对中国居民主观幸福感进行的研究表明，中国最近 20 年的经济快速增长，并未提升居民的主观幸福感，其主要原因是经济增长带来的幸福感正效应被社会整体平均收入的增加所抵消。因此，在短期，经济增长与幸福感存在一定的正向关系，然而在长期，经济增长对幸福感的正效应非常有限，尤其是当经济发展到一定程度时，幸福感可能出现停滞甚至下降的趋势。

（二）适应性心理

Loewenstein（1999）将"适应性"（Adaptation）定义为减少因有利或不利环境带来的情感紧张度（Affective intensity）。对适应性的一个比较自然的解释就是人们调整他们的期望值——有时候也叫"偏好转移"（Van Praag et al.，1973）。主观适应性很有可能隐藏着客观的不平等，这种观点的提出碰巧成为挑战幸福经济学专家的一个谜（Fleurbaey，2009）。

Easterlin（2003）指出，有足够的证据表明人们能完全适应收入的变化却不能完全适应人生中重大事项的变化（如婚姻或者残疾）。然而，Clark（2003）的研究表明，生活中的大事件，诸如结婚和丧亲，对幸福和生活满意度有着实质性的短期效应。Oswald 和 Powdthavee（2005）的研究发现，人们的生活满意度会随其逐渐残疾而下降，但是两年之后的生活满意度又恢复了残疾前的水平。Lucas 等（2003）曾研究人们的适应性和非货币因素之间的关系。Lucas（2005）认为，人们的适应性主要是由婚姻因素决定的。Oswald 和 Powdthavee（2005）将适应性归因于疾病和残疾。Lucas 等（2004）则研究了失业和人们的适应性。

心理学中有大量文献处理"适应性"在生活领域中的相关问题（Loewenstein，1999），但很少有文献关注人们对收入的适应性。

正如想象中的那样，测试人们的收入愿望太难了。Easterlin（2005）用直接测试的方式表明人们物质愿望（高价昂贵的消费项目能造就好的生活）的增强和人们取得高价昂贵的消费项目的所有权是一致的。而 Stutzer（2002）直接测试出幸福和人们的收入愿望之间呈负相关性。Frey 和 Stutzer（2002）估算出适应性能抵消收益增加带来的大约 2/3 的好处。Di Tella 等（2003）调查个人的幸福数据，涵盖 18 年，跨 12 个欧洲国家，他们以现价 GDP 以及 GDP 的滞后为解释变量，得出"GDP 的急剧爆炸能临时性地产生更高的幸福水平"的结论。Di Tella 等（2007）于 1994~2000 年以大约 8000 个西德个体为研究对象，发现收入增加后 4 年的影响效应仅仅是收入增加后 1 年的 42%，可见收入的短期效应随着时间的变化而慢慢化为乌有。

人们对重复或者连续刺激性的感受程度逐渐降低，进而会削弱收入增加对幸福的积极效应（Kahneman et al.，1999；Frey and Stutzer，2002；Easterlin，2003）。在一般情况下，人们具有自动适应收入水平提升的心理习惯，这使得收入的增加不能大幅度提升幸福感，就像人在踏车上跑步一样，每一次形式上的前进其实都只是在原地踏步，即产生"踏车效应"（Treadmill Effect）。Kahneman（1999）进一步将"踏车效应"区分为"享乐踏车"（Hedonic Treadmill）效应和"满意踏车"（Satisfaction Treadmill）效应：前者是指适应能力会降低持续或重复的感觉刺激所带来的享受效果；后者则强调生活中各个领域的期望与现实的差距所决定的满意度。个体的期望收入总会高于其已经实现的收入水平，并且收入越高，人们对未来收入的期望也会越高，因此，收入增长产生的幸福感往往低于事先预期。Frey 和 Stutzer（2002）的研究表明，人们会通过适应新的环境，从而调整他们的主观幸福感，这样，在短期内，收入水平的提升能显著提高其幸福感，然而在长期，一旦人们适应接受较高的收入水平,他们的幸福感会回落到最初的幸福水平。

从关注影响幸福的客观因素到强调人们的主观心理,研究幸福问题的两个路径彼此交融。幸福感是人们评价自身生活质量而产生的主观感受,它依赖一定的客观外在事实,更与主观心理密切相关。早期关于幸福感问题的研究多聚焦于外在的客观因素对幸福感的影响,形成了一种客观的研究路径;当人们发现外在的客观因素对幸福感的影响不甚显著时,相关研究便逐渐转向以主观心理因素解释幸福的差异,形成了研究幸福问题的主观路径。但是,无论是强调攀比心理还是强调适应性心理,幸福问题的主观研究路径都发现,主观心理因素在一定程度上以某种方式或机制侵蚀了收入等客观物质因素对幸福所产生的正效应,似乎人的主观心理因素对幸福感只有负效应。这与我们对社会经济生活的观察不相符,也与我们对生活的体验不尽相同。例如,一种健康的、阳光的、淡泊宁静的心态可能会增强人们的幸福感。

四 中国幸福问题的研究进展

我国幸福经济学与西方国家相比起步较晚,直到 21 世纪才展现出蓬勃发展的势头,从最初几个学者对国外研究成果的引进以及国外研究动态的跟踪,到目前一大批研究学者对我国经济社会各个领域幸福的自主创新式研究,在幸福经济学领域积累了大量的研究成果。

总体而言，国内学者对中国居民"幸福收入悖论"问题的关注较多，但研究结论并不统一。朱建芳、杨晓兰（2009）根据世界价值观调查数据发现，我国居民幸福感的平均值从1999年的2.95下降到2001年的2.87。邢占军（2011）根据山东省2002~2008年的相关数据发现，居民幸福感并未随人均GDP和居民收入的增加而上升。然而，零点公司对我国居民生活满意度进行的追踪调查表明，2000年我国居民生活满意度的平均得分是3.25，而2009年的平均得分是3.54，城乡居民的生活满意度基本呈上升趋势（袁岳、张慧，2010）。"2011年中国家庭幸福感调查"表明，超过70%的中国人感觉自己幸福（张旭，2011）。罗楚亮（2009）使用中国城乡住户调查数据，经验性地讨论了我国居民幸福感与收入的相关性，研究表明，收入是提升居民幸福感的重要因素，即便控制了相对收入，绝对收入与幸福感仍然呈显著正相关。刘军强等（2012）使用中国综合社会调查数据，分析近10年国民幸福感变化趋势，发现中国国民幸福感在近10年一直呈上升趋势，且个人收入变量与幸福感呈显著正相关。

国内大部分研究主要集中在幸福感的影响因素方面，并力求对中国现实生活中的"幸福收入悖论"现象做出解释。田国强、杨立岩（2006）基于心理学和经济学中的"攀比理论"与"忽视变量理论"，构建了包含收入因素、非收入因素在内的规范性经济学理论模型，以探讨幸福收入悖论问题，研究表明，存在一个临界收入水平，当收入未超过临界收入时，收入的增加能显著提升居民幸福感；

一旦收入超过临界收入时，收入的增加反而会降低居民幸福感。娄伶俐（2010）以认知心理理论为基础，从必要需求、纯粹需求、饱和需求及引致需求视角，建立了边际幸福函数，并以此探讨幸福最优化问题。吴丽民、陈惠雄（2010）提出了"收入－中间变量－幸福"三元链模型，并使用浙江省"小城镇居民幸福状况"调查数据做相应验证，研究表明，收入是影响幸福指数的基础性因素，并通过直接与间接两种路径影响幸福指数，收入对个体状况、社会状况等中间变量的间接效应要大于其对幸福指数的直接效应。大量的实证研究表明，幸福感的主要决定因素是建立在他人收入基础之上的相对收入而非绝对收入，至少相对收入比绝对收入对幸福感的效应更大。官皓（2010）使用2008年北京、上海、广东的家户调查数据，研究绝对收入、相对收入与居民幸福感的相关性，实证分析表明，绝对收入对幸福感不存在显著影响，而相对收入地位与幸福感存在显著的正相关性，并且这一结论同时适用于中国的城市和农村。张学志、才国伟（2011）利用2008年广东省成人调查数据，对居民幸福感影响因素进行了实证分析，结果表明，绝对收入对居民幸福感有正向的作用，与之呈倒"U"形关系，而考虑相对收入影响后，绝对收入与幸福感的正相关性不显著。何立新、潘春阳（2011）的实证研究表明，收入差距是导致居民不幸福的重要因素，且收入差距显著降低了低收入阶层、中低收入阶层和高收入阶层的幸福感，而对中上收入阶层的影响并不显著。Knight等（2006）对中国9200个家庭进行调查得出以下结论：那些收入水平高于全村平均收入水平者报告的幸福水平远远高于那些收入水平低于全村平均收入水平者。

除了横向比较外,个体还可能会对自身的收入进行纵向比较:比较当期收入与过去收入,以及预期收入的改善状况。基于此,Graham 和 Pettinato(2001)实证分析了当前收入与过去收入的变化、未来的预期收入以及个体对自身社会经济地位的评价三个变量对主观幸福感的影响,结果表明,它们对幸福感均有显著的正效应。罗楚亮(2006)运用 2002 年全国城乡居民住户调查数据,分析了我国城乡居民的幸福感差异,研究表明,农村居民幸福感高于城镇居民主要是由收入变化预期、预期收入的满足程度引起的。

另外,还有一些学者从其他视角,如收入不平等、公共支出等,研究我国居民的主观幸福感问题。何立新、潘春阳(2011)使用 2005 年 CGSS 及 CEIC 数据,从收入差距、机会不均等视角研究我国的幸福收入悖论问题,结果表明,机会不均等对我国居民存在显著的负效应,且对低收入群体及农村居民主观幸福感的负效应更大。王鹏(2011)使用 2006 年 CGSS 数据,研究收入差距对居民主观幸福感的影响,结果表明,收入差距对我国居民主观幸福感的影响呈倒"U"形,且拐点是 0.4,当基尼系数小于 0.4 时,收入差距与居民主观幸福感呈显著正相关;当基尼系数大于 0.4 时,收入差距与居民主观幸福感呈显著负相关;鲁元平、王韬(2011)的研究表明,收入不平等显著降低了我国居民的主观幸福感,且收入不平等对农村居民、低收入群体的负效应显著大于城市居民与高收入群体。鲁元平、张克中（2010）使用2001年和2007年世界价值观调查数据发现，无论是纵向的时间序列上还是横向的省际横截面上，经济的快速增长均未能提升居民的主观幸福感，然而国家对教育、医疗和社会保障的亲贫式支出则显著提升了居民的主观幸福感。

此外，大部分文献基于我国特有的城乡二元分割制度，对中国居民主观幸福感水平的决定因素和差异进行分析，这方面的文献也是衡量当前中国主观幸福感水平的主要研究文献。其中，Appleton和Song（2008）以及Smyth等（2009）专门针对中国城镇居民的主观幸福感进行了分析，Knight等（2006）则针对农村居民主观幸福感进行了研究。Appleton和Song（2008）运用中国社会科学院2002年针对城乡居民所做的家庭收入调查（CHIPS）数据对中国城镇居民的主观幸福感水平进行了考察，结果表明，尽管中国城镇居民的主观幸福感水平较低，但是如果进行国别比较并非如此。同时，在对决定中国城镇居民主观幸福感水平的因素进行考察时发现，在所有因素中，失业、年龄、通货膨胀和污染对主观幸福感产生负的影响，而收入、已婚、健康水平和年龄平方对主观幸福感有正的影响。他们还发现，与男性相比，女性的主观幸福感水平更高。Smyth等（2009）使用2003年针对中国30个城市所做的调查数据，对环境与居民幸福感的关系进行了研究，结果表明，那些通过大气污染、交通状况和绿化等指标衡量的环境质量越差的城市居民报告的主观幸福感水平也更低。并且，在分析社会人口学因素如何影响主观幸福感水平时，所得到的结果与此并不存在差异。

值得注意的是，学者们在破解我国纵向的"幸福收入悖论"问题的同时，相关调查及研究发现，我国还存在横向的"城乡幸福收入悖论"。《2005年中国社会形势分析与预测》对我国城乡居民的主观幸福感进行了初步的分析，得出了"近八成农民感到幸福，农村居民幸福感强于城镇居民"的结论（曾慧超、袁岳，2005），这一结论引起了强烈的社会反响。罗楚亮（2006）根据全国城乡住户调查数据再次证实了农村居民的主观幸福感确实强于城镇居民这一结论，且农村居民的幸福感差异主要是由城乡居民不同的收入预期造成的。然而，城乡居民的主观幸福感差异并不是已有研究的重点，在大多数经验性分析中，只是通过在模型回归中加入户籍项，并以户籍项回归系数的正负来判断城乡居民的主观幸福感差异。

五　简评

从现有关于幸福问题的经济学研究文献中至少可以形成以下四个基本判断，从而也启示我们明确进一步研究的方向。

第一，已有研究主要从某个侧面分析发展的某个因素对幸福的影响，如个体的收入水平、工作、健康或教育等微观视角，或者经济增长、收入分配、失业、公共支出等宏观视角，事实上，上述个体发展及宏观经济发展的重要指标是浑然一体、相互作用的，共同对个体的主观幸福感产生影响。因此，本书从个体发展、宏观经济发展及城乡社会结构三大维度选择发展视角，尝试从发展视角研究幸福问题。

然而，随着经济和社会发展的不断变化，人们对"发展"概念的理解也在不断深化，逐渐由一维向多维度发展，由追求宏观的经济增长推向了追求个体的真实福利，逐步实现了"以物为中心"向"以人为中心"转变。例如，1990年，联合国开发计划署（UNDP）发布的《人类发展报告》明确提出了包含教育、健康及收入三个维度在内的"人类发展指数"概念。1998年，诺贝尔经济学奖获得者阿马蒂亚·森（Amartya Sen）批驳了以GDP或GNP的增长来衡量发展的狭隘观点，并将发展范式由促进经济增长转变为"拓展人们的可行能力"。

针对发展多维度的特征，选择合适的发展度量指标是从发展视角研究幸福问题的关键和难点。本书主要在综述已有文献的基础上选择发展度量指标。由前文的文献综述可知，经过近40年的研究，经济学运用成熟的经济学理论和模型研究主观幸福感的影响因素，相关研究结果基本一致，均指向了一些核心指标，即收入、教育、健康、人口统计特征等微观变量，以及经济增长、收入分配、失业、公共支出、城市化等宏观变量。

第二，经济学对幸福问题的研究主要集中在收入、教育、就业或者宏观的经济增长、收入分配等客观层面因素，对个体的主观心理因素关注不够。尤其是维尔弗雷多·帕累托（Vilfredo Pareto）发起了"去心理化"的效用革命之后，主流经济学剔除了情感因素，用偏好取代了"幸福"，效用也就成为显示行为偏好的函数。然而，主观幸福感作为一种主观感受，不仅受外部环境的影响，而且取决于主观心理因素（Ryff and Singer, 1998; Ryan and Deci, 2000, 2001），研究幸福问题不能不关注人们的主观心理因素。因此，本书结合经济学、心理学及行为经济学的相关研究成果，从客观因素（收入、教育、就业、经济增长等）与主观心理因素（社会可比性心理、主观心态、心理需要等）两大层面分析不同发展指标对主观幸福感的贡献及差异。

第三，已有文献对幸福影响因素问题的研究缺乏纵向的历时分析。事实上，早期的童年经历对个体的主观幸福感起着关键性的作用。一方面，父辈贫困对子女的营养健康、教育、就业等方面均产生了负面效应；另一方面，父辈贫困，尤其是长期贫困，容易使子女产生消极的社会情感，如孤僻、自卑、冷漠等负向情感，更重要的是，童年时期形成的这些负向情感对其一生的发展都是极为不利的。假如个体目前的教育、收入及主观心理等与童年经历存在一定的相关性，那么个体的童年经历自然会通过这些因素间接影响其主观幸福感。

第四，经济学对幸福问题的研究大多围绕"幸福收入悖论"而展开并逐渐深入，其关注的焦点主要是，随着时间的流逝，"幸福收入悖论"是否存在以及如何破解等问题。Easterlin（1974）的实证研究结论为：在一个经济体之内，就纵向的历时态而言，幸福感并未随收入的增加而增加；在一国内部，富人比穷人幸福；跨国比较研究并没有显示富国比穷国更幸福。从这个角度看，已有研究关注的焦点主要是纵向的"幸福收入悖论"及其解释，而对横向的不同经济体之间居民幸福感差异的研究较少。鉴于此，本书基于城乡社会结构视角，破解横向的"城乡幸福收入悖论"，这也是本书相较于已有研究的一个创新。

第二章 主观幸福感的测量和理论发展

一 主观幸福感的测量

由"主观幸福感"的概念可知，主观幸福感是人们评价自身生活质量而产生的主观感受（Veenhoven，1984），既取决于周围的环境，又与我们的内在心理密切相关。尤其是当外在条件达到一定水平时，如收入上升到能够满足基本需要之后，主观心理因素对主观幸福感的影响将会占据支配地位。然而，主观心理因素具有主观性、复杂性及难以把握等特征，使得主观幸福感的度量存在很多难以克服的困难：如何辨别人们是否幸福？如何区分人们的幸福程度？如何量化不同个体的幸福水平？上述问题的解决决定了主观幸福感问题研究的可行性和科学性，在此，本书重点介绍主观幸福感的测量方法。

（一）客观测量方法

1. 生理测量法和行为测量法

研究者借助一种叫作"快乐仪"（Hedon-ometer）的仪

器用以记录脑电波的相位、振幅和齐整性，或者借助核磁共振脑部成像技术来测量大脑的活跃区域，客观地对人体进行物理学和神经生物学方面的电生理测量，以此判断被试正在体验何种情感。研究者还可以根据被试的心律、心动加速率、血压、体温、呼吸频率等一系列反映个体情绪状态信息的生理指标来判断被试的情绪。

电生理测量在衡量幸福程度时具有一定的精确性，可以大大消除自我报告回顾内容时的记忆性偏见。尽管科学家在发展那些诸如依赖脑电波的衡量标准时付出了巨大的努力，但迄今还没有具有应用意义的指标，至于将来是否会有这样的指标也是值得怀疑的。同时，对幸福的判断还是根据外在的规则来进行的，撇开这种测量方法的操作性和推广性不论，这种借助仪器测量出来的结果在很大程度上评估的是个人的情感水平，而事实上因人而异、因时而异的认知（意识）层面在决定幸福过程中扮演着非常重要的角色。因此，生理测量层面上的幸福虽然具有一定的意义，但是它只有在被置于社会性视角内的时候才具有意义，否则与单纯的动物性快乐没有任何区别。

心理现象一般由客观刺激所引起，并通过个体内部的一系列生理、心理的变化而表现在行为上，因此，社会互动中经常出现的一些行为，如微笑、激情的身体运动以及其他自然情境中的行为反应等，往往和幸福之间有一定的联系。研究者通过观察这些行为反应可以衡量一个人的幸福程度，特别是在人们故意隐瞒自己的真实情感时亦如此。例如，被试在拒绝暴露自己的负向情感时，可以请熟悉被试的知情者（重要他人）或者经过特殊训练的观察者来报告被试的主观幸福。然而，虽然在某些幸福的人身上经常可以观察到一些幸福的行为，但这些行为与表现也可以在不幸福的人身上观察到，也即研究者需要考虑更为复杂的因素[1]。

2. 社会指标法

社会指标法（Social Indicator）是指借助种族、收入、社会地位、受教育年限、寿命以及城市生活和农村生活等客观变量来评价主观幸福的方法。如世界银行提供的世界发展指标（World Development Indicators）通常运用平均寿命、入学率、清水可用率、人均国民生产总值4项指标对各国发展水平做出评估。又如美国海外开发委员会提出的"物质生活质量指数"（Physical Quality of Life Index，PQLI）运用婴儿死亡率、预期寿命和识字率三个指标测度世界最贫困国家在满足人们基本需要方面所取得的成就。社会指标法一度被学界和公众普遍认为是对生活质量、生活满意度和主观幸福进行测量的科学方法。特别是对处于社会发展相对较低阶段的人们来说，由于其所能获得和享用的各种客观生活条件、所能达到的物质生活水平等级等在其主观幸福中占有更大的比重，因此社会指标法具有更重要的意义[2]。

---

[1] 方纲：《幸福测量：主客体方法及其整合》，《华中师范大学学报》（人文社会科学版）2009年第3期。

[2] 方纲：《幸福测量：主客体方法及其整合》，《华中师范大学学报》（人文社会科学版）2009年第3期。

考虑到客观变量和主观体验之间并不存在一一对应的关系，如越过一定点的财富对幸福并没有多少增进作用，社会指标法在测量主观幸福时面临的主要挑战是如何选取合适的能够兼顾大多数人甚至在不同民族和文化下具有普适性的、统一的、公认的、可测量的幸福指标。类似于"物质生活质量指数"这样的指标具有广泛的国际可比性，但它不包括"生活质量"一词所意指的许多其他社会和心理特征。当研究者转而追求指标的全面性、完善性时，他们往往又面临"限制和损害了研究结果的可比性以及研究资料和数据的可得性"问题[①]。

事实上，人们在报告主观幸福感时，通常会建构一套适合于自己的标准，并将收入、家庭社会关系、工作、健康等社会生活的各个因素作为一个整体来评价自己的生活满意度。虽然某些因素对于大多数人提升主观幸福感具有普遍意义，但不同的个体对每个因素所赋予的权重并不相同。可见，关于幸福的影响因素，列举多少外在指标的意义不是很大。

（二）主观测量法

目前，已有研究中广泛使用的幸福数据是通过问卷调查的方式，根据受访者自我报告的幸福水平而获得的。Easterlin（1974）使用的幸福数据是盖洛普民意调查数据，

---

① 风笑天：《生活质量研究：近三十年回顾及相关问题探讨》，《社会科学研究》2007年第6期。

该调查对幸福设计的问题是:"一般而言,您感觉您有多幸福?"要求受访者在"很幸福""相当幸福""不幸福"三个选项中进行选择。其中,"很幸福"赋值为3,"相当幸福"赋值为2,"不幸福"赋值为1。该幸福调查问题被广泛用来分析幸福度,是相关幸福调查的标准问题。世界价值观调查对幸福设计的问题依然是:"您感觉您有多幸福?"与盖洛普民意调查不同的是,世界价值观调查要求受访者从"一点也不幸福""不十分幸福""相当幸福""很幸福"四个选项中进行选择。其中,"一点也不幸福"赋值为1,"很幸福"赋值为4。

1. 自陈量表法

由"主观幸福感"的定义可知,人们在对其生活质量进行的积极评价主要包括两种:一种是基于认知的评价,是对生活整体领域和具体领域的满意度评价;另一种是基于情感的评价,包括对积极情感与消极情感的评价。相应的,主观幸福感的测量量表也分为生活满意度量表与情感量表。生活满意度量表主要有 Diener 等(1985)的生活满意度量表(SWLS),以及 Andrews 和 Withey(1976)的快乐-忧伤量表(D-T 量表)。相比之下,情感量表较多,如 Bradburn(1969)的情感平衡量表、Beck 和 Rush(1978)的贝克抑郁问卷、Kammann 和 Flett(1983)的情感量表2、Fordyce(1998)的幸福测量量表(HM 量表)等。还有一些学者针对总体的幸福感设计了幸福量表,如幸福测量量表还包括 Cantril(1965)的幸福阶梯量表、Bradburn(1969)的总体幸福量表、Stones 等(1996)的夏普量表等。

国内学者针对中国居民主观幸福感状况编制了相应的幸福量表。胡君辰（1988）自编的"生活满意感心理测试问卷"涉及社会物质、社会活动、人际关系、现在的自我、过去的自我及未来的自我六个方面。邢占军（2003）编制的城市居民主观幸福感测量量表，不仅涉及收入、教育、健康、婚姻家庭关系等客观因素，而且涵盖人们的宁静感、公平感、自主感、愉悦感、充实感等十大心理体验。

当然，由于量表的编制是通过受访者自我报告的方式而获得的，因此不可避免地会受受访者心理因素的影响，使得量表的编制存在一定的偏差。例如，若受访者不愿意在人前泄露自己的负面情绪，会刻意隐瞒自己的真实情感，这样，一个非常不幸福的人就可能会报告较高的幸福感。然而，Veenhoven（1984）的研究表明，虽然主观幸福感测量量表存在主观上的偏差，但通过大样本调查能够克服这些偏差，且受访者对幸福方面问题的主观回答能够在很大程度上反映人们的生活状况和幸福水平。一些学者通过实证分析表明，幸福量表具备心理测量学属性以及良好的有效性、可比性和可靠性等特征（Diener，1984；Veenhoven，1984，1993，1996；Sandvik et al.，1993）。上述研究进一步为幸福作为发展度量标准的可行性提供了科学依据。

2. 基数测量法

实验心理学方法的成熟以及脑技术的发展使得主观幸

福感的基数测量成为可能,如即时情绪测量法、最小可感增量法等。

即时情绪测量法包括体验取样法(ESM)与日重现法(DRM)两种。Csikszentmihalyi和Larsen(1978)提出的体验取样法主要建立在即时的情感体验基础之上,要求体验者随身带着电脑或传呼机,在特定的时期内,如一周或几周,随时根据传呼汇报自己的情感,进而完成相应的问卷。体验取样法从某段时间内的不同时间点,获取体验者高密度的体验幸福,该方法被给予了理论意义上的高度评价(Kahneman,1999)。然而,由于该方法涉及传呼工具、体验者的时间成本等,巨大的耗资使得该方法受到很大的限制。Kahneman等(2004)根据减少记忆偏差的程序系统提出了日重现法,该方法通过记录体验者每天的快乐和痛苦,对快乐和痛苦进行评估。日重现法对体验者当天的情感进行即时测量,克服了自陈量表法存在的记忆偏差问题,为精确测量主观幸福感提供了科学依据,也为基数效用重返经济学提供了技术支撑。

Ng(1996)根据埃奇沃思的"最小可感增量"思想提出了关于幸福的"最小可感增量"测量法。该方法的特征在于确定了主观幸福感的基数0值,当体验者没有痛苦也没有快乐时,如睡着时候的状态,其主观幸福感是0值;当体验者处于愉悦或者欣喜等正向情感状态时,其主观幸福感是正值;当体验者处于痛苦、悲伤等消极情感状态时,其主观幸福感是负值。图2-1描述了上述几种情况,0值线以上面积是正向的幸福，0值线以下的面积是负向的幸福，个体在每段时间的净幸福是0值线以上的面积减去0值线以下的面积。可见，即使存在不同类型的快乐形式，但总的快乐是一维的（黄有光，2003）。

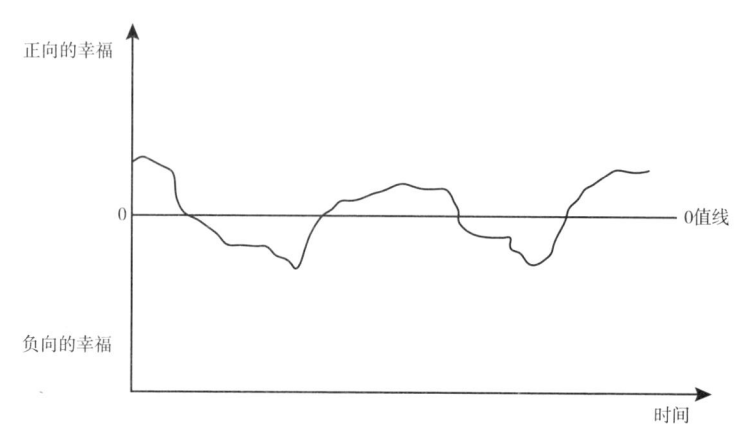

图 2-1　最小可感增量测量法

资料来源：黄有光：《效率、公平与公共政策：扩大公共支出势在必行》，社会科学文献出版社，2003，第25页。

另外，除了上述通过受访者自我报告的方式之外，人们还通过生理的、非语言的及行为观察等方式获取幸福数据，以更准确、全面地了解主观幸福感，如生理指标检测法、认知测量法、深度访谈法、行为记录法、他人评价法等。

随着心理实验学和脑科学等学科的发展，主观幸福感的测量方法日渐成熟和完善。Easterlin（2001）的研究表明，虽然主观幸福随个体特征的变化而变化，但在一般情况下，决定幸福的核心因素主要是经济条件、工作状况、家庭关系、身心健康等，因此，在某种程度上而言，幸福作为福利的测量指标，具有统一性和可测量性。统一性、可测量性这一大难题的解决，有利于主观幸福感投入社会实践应用中。例如，国民幸福指数（GNH）成功地从理论走向实践，再次证明了其可行性。幸福国民总值最早由不丹国王旺楚克于1970年提出，他认为政府施政应关注幸福，并应以实现幸福为目标。不丹国王第一次将幸福指数引入宏观领域中，创造性地提出了由经济增长、环境保护、文化发展和政府善治四方面组成的"国民幸福总值"，提出政府应关注人民幸福，以实现幸福最大化为目标。迪纳（Diener）于2000年在其《主观幸福感——快乐科学与社会指标》一文中提出的"幸福感应用的新方向——幸福指数"，大幅度提升了幸福指数的社会应用性。

二 经济学的幸福理论发展

关于幸福的伦理渊源，可以概括为两大理论流派：一是"实现论"；二是"快乐论"。其中，"实现论"以亚里士多德（Aristotle）的幸福论为代表。亚里士多德认为，幸福是灵魂的一种合乎德性的现实活动[1]，他认为幸福应该是人通过自己合乎德性的具体行动去追求的一个终极或完满的善。亚里士多德强调通过实践活动来不断完善自己的幸福论，形成了"客观幸福论"，也称为"实现论"。

"快乐论"以边沁（Bentham）的幸福论为代表。边沁

---

[1] Aristotle, "Nicomachean Ethics", London, William Henenamm Ltd., 1982, p. 8.

认为，所有人效用之和的最大化是制定社会政策的基础，任何政策的制定应当最大化所有人的最大幸福[1]。边沁认为，精确计算幸福的前提是区分 7 种不同性质的苦乐：①苦乐的强度（Intensity）；②苦乐的久暂性（Duration）；③苦乐的确定程度（Certainty）；④苦乐的远近性（Propinquity）；⑤苦乐的丰度（Fecundity）；⑥苦乐的纯度（Purity）；⑦苦乐的广度（Extent）[2]。在计算方法上，边沁提出了 6 项原则：①计算最初由行为产生的明确可辨的每一快乐的价值；②计算最初由行为产生的明确可辨的每一痛苦的价值；③计算最初由行为产生的快乐之后所产生的每一快乐的价值，这构成了最初快乐的继生性和最初痛苦的混杂性；④计算最初由行为产生的痛苦之后所产生的每一痛苦的价值，这构成了最初痛苦的继生性和最初快乐的混杂性；⑤对个人而言，加总所有的快乐和所有的痛苦，两者相比较，快乐多于痛苦，即幸福，否则为痛苦；⑥对社会而言，首先要对社会中每一个成员的苦乐进行计算，然后统计快乐多的人数和痛苦多的人数，前者若多于后者，社会选择是提高福祉，否则是降低福祉[3]。

沿着"实现论"和"快乐论"两种不同的幸福渊源，现代幸福感的研究最终分化为两种学派：一种是建立在亚

---

[1] Jeremy Bentham, "An Introduction to the Principle of Morals an Legislation", Methuen & Co. Ltd., 1982, p. 57.

[2] Jeremy Bentham, "An Introduction to the Principle of Morals an Legislation", Methuen & Co. Ltd., 1982, pp. 87 – 88。

[3] Jeremy Bentham, "An Introduction to the Principle of Morals an Legislation", Methuen & Co. Ltd., 1982, pp. 39 – 40.

里士多德"实现论"基础之上的客观幸福,以瑞佛(Ryff)、赖安(Ryan)和德西(Deci)为代表,认为幸福是"为实现人真正的潜力而做的努力"(Ryff,1995);另一种是建立在边沁"快乐论"基础之上的主观幸福,以卡尼曼(Kahneman)和狄纳(Diener)为代表,认为幸福是避免痛苦和寻求快乐的结果,由享乐的或者主观的感受组成(Kahneman,1999)。

经济学的幸福理论继承的主要是边沁的"快乐论"。Veenhoven(1984)认为,主观幸福感是人们对自身目前生活总体质量进行的积极评价,在评价生活时,一种是基于情感的评价,评价生活总体感觉有多美好,是对享乐感受的评价;另一种是基于认知的评价,是对生活满足程度的评价。该定义是经济学中"幸福"的经典定义,后续研究大多沿用此定义。

(一)古典经济学的幸福理论

在经济学研究中,幸福被称为"效用",根据不同的哲学传统,效用经历了"基数效用"与"序数效用"之争。由于经济学效用理论的"去心理化"革命,影响效用的情感因素一度从经济学研究中淡出,然而,随着行为经济学、发展经济学等经济学分支学科的发展,人的情感、认知等主观心理因素再次回归到经济学视野,曾被效用替代的"主观幸福感"这一概念再次吸引了经济学学者的眼球。

1. 斯密的幸福原理

亚当·斯密在其伦理学巨作《道德情操论》的开篇就

揭示了人类十分普遍的心理趋势——同情，也即个体能从别人的幸福中获得快乐，且这种同情是人们在社会交往中产生幸福的重要情感机制（Sugden，2005）。之后，斯密又创作了经济学开山之作《国富论》，其论证的主要观点在于经济人如何实现财富的最大化以满足其个人的欲望。两个观点看似矛盾，事实上，二者之间存在很强的内在关系：《道德情操论》论人的情感、论美德、论幸福，而《国富论》强调的是经济人通过追求财富来实现被调节的欲望，通过调节欲望的满足来抑制其他具有破坏性和攻击性的欲望，使得人有适当的情感、美德，以实现幸福。可见，斯密的两大巨作是功利主义思想的萌芽，也意味着经济学自产生伊始就肩负着实现人类幸福最大化的伟大使命。

2. 功利主义幸福理论

边沁强调建立在人的快乐感受基础之上的幸福，形成了"快乐论"流派。边沁的"快乐论"与斯密的幸福思想将哈奇森（斯密的导师）的"带给最多人的最大幸福"作为功利主义幸福的基本原则。边沁的幸福理论的主要内容是：功利或者效用是指任何一个客体所具有的一种性质，这种性质倾向于给利益相关者带来利益、欢乐及幸福等，倾向于避免利益相关者遭受痛苦、不幸，若利益相关者是某个具体的个体，则这种功利就是个体的幸福；若利益相关者是某个共同的群体，则这种功利或者效用就是共同群体的幸福。

然而，边沁并未对幸福是什么做出具体判断，他将所有的幸福做等质处理,且认为幸福在量的方面是可以加总的。边沁用持续性、确定性、强度、繁殖性、远近性、广延性及纯洁性7个标准度量幸福。遗憾的是,边沁并未对幸福进行数学分析。但是,边沁的功利主义幸福理论对经济学尤其是效用理论的发展做出了极大的贡献。首先,边沁确立了功利主义思想及原则,认为人类活动的动机在于追求最大的幸福,人类社会的最终目标是幸福最大化;其次,边沁用效用的大小表示人们的幸福水平,这为主流经济学的效用理论的发展奠定了理论基础。

针对边沁的"同质"幸福,穆勒对其进行修正和完善,主要内容如下。

第一,穆勒对不同的幸福进行了"质"的区分。边沁笼统地将所有的幸福做统一处理,如根据边沁的幸福原理,从"物欲"中得到的满足与从自我价值实现中获得的幸福是等同的。针对这种情况,穆勒认为,人们在追求幸福数量最大化的同时,还要关注对真、善、美的追求,要着重追求幸福的质量,这比追求幸福数量最大化更有价值。

第二,穆勒确立了幸福作为道德的终极目标的地位。穆勒认为,一方面,幸福是一个具体的整体;另一方面,幸福在内容上又是多元的,其组成部分不仅涵盖了金钱、权势等物质层面,而且涵盖了自由、美德、自我价值的实现等精神层面。但是,所有这些组成部分都是实现幸福的重要手段,幸福才是人们追求的最终目标,才是人们实现美德的终极目标。

第三,穆勒论证了功利主义幸福原理。穆勒分别从三个方面对其进行论证：其一，从实践经验的角度看，人的天性决定了人们对幸福的渴望；其二，人们共有的"同情"或"利他情感"需要，使得个体具有"一体感"，这种共同的"情感需要"强化了人们对公共的、普遍的幸福的追求；其三，从根本上讲，人们对金钱、地位、权势的追求均是幸福的手段，只有幸福才是人类唯一的、最终的追求目标。

（二）边际主义的幸福理论

19世纪的经济学效用理论继承了边沁的功利主义思想，主要是指消费者从商品消费中所获得的快乐感受。杰文斯（1984）认为，效用是能够引起人们快乐或避免痛苦的东西，且快乐和痛苦是可以通过基数进行计算和比较的。在边沁功利主义幸福理论的基础上，杰文斯用数理的方式表述功利主义幸福理论，其贡献主要有以下几点。

第一，杰文斯定义了"经济人"的特性：其一，经济人能够从商品的消费中获得满足或者说是效用；其二，每个经济人均是理性的，且是能够计算其效用最大化的。

第二，杰文斯提出了边际效用理论，将效用分为总效用与边际效用。他认为人们从每一单位的商品消费中获得的效用程度随商品消费量的增加而减少。杰文斯将这种边际效用递减的思想引入功利主义幸福理论，试图通过数理的方式描述幸福理论。

第三，杰文斯通过微积分描述了功利主义的幸福理论。他用 $TU = f(Q)$ 的函数形式表达由商品消费量决定的总效用，用总效用函数的一阶倒数表示边际效用，且边际效用为 0 时的消费量是总效用达到最大化的消费量。

另外，门格尔对效用函数的梳理计算，以及瓦尔拉用数理方法分析供求的一般均衡，都进一步推动了幸福理论向数理化方向发展，同时也为新古典主义经济学效用理论奠定了理论基础。

（三）新古典经济学的幸福理论

在边沁功利主义幸福理论及边际效用理论的基础上，马歇尔同样强调经济人利己和利他行为的同时存在性。同时，他还界定了"理性经济人"的内涵和外延，并通过偏好理论、理性选择理论，修正和完善了杰文斯的边际效用理论。

首先，边际学派认为货币量决定了效用，而马歇尔则强调货币量只是决定了人们的偏好，决定了人们的需求，而需求才是效用的决定因素。马歇尔根据边际效用理论与需求理论分析市场需求规律。当某种商品的市场供给量增加时，这种商品给人们带来的边际效用将会降低，进而，人们对该商品的需求将会减少，从而导致该商品的价格下降，反之亦然。马歇尔对市场需求规律的分析反映了消费者的理性选择思想：每一单位的货币支出在所有商品的消费中所获得的边际效用是等价的，理性的经济人总会将自己的财产分配到不同用途的商品中，最终使得他从每种商品的消费中获得的边际效用相等。根据马歇尔的偏好理论和理性选择理论，人们根据自身的偏好及市场供求规律，能够计算、比较自身的效用或幸福，进而实现幸福最大化。

其次，马歇尔还提出了"需求弹性"及"消费者剩余"等概念。马歇尔结合市场需求规律，以及需求弹性和消费者剩余分析市场均衡，能够对效用及效率的损失进行定量分析，详尽地揭示了市场供求价格形成机制。根据马歇尔的理论，整个经济体在运行过程中均表现为完全理性的，且总效用及边际效用又是可以计算的，当市场实现均衡时，市场需求者和供给者对商品的价格达成一致，此时，双方的效用或者幸福均达到了最大化。

从边沁到杰文斯，再到马歇尔，我们可以发现，基数效用理论强调"快乐"和"痛苦"的测量与估算。然而，效用是人们的主观心理感受，对其测算必然面临极大的困境，如完全理性的个体的选择行为所带来的效用与利他行为所带来的效用有何差异？其测量标准如何选择？基数效用在可测量性和可比性方面面临的种种问题和困难，使得基数效用理论受到其他理论学派的批评。

（四）福利经济学的幸福理论

新古典主义为功利主义幸福理论搭建了数学大厦，使得市场主体的幸福最大化成为可能，而福利经济学的社会福利最大化分析理论使得新古典主义的幸福理论发展到了峰巅。基于功利主义的幸福理论，庇古开创了福利经济学的先河，他认为人们可以计算社会总效用，且人们最终能够实现总效用最大化。然而，因不同个体的效用是否具备可比性等问题，庇古的福利经济学理论遭到了来自各方的批评，随着"新福利经济学"的帕累托最优分析及一般均衡理论的构建，庇古的福利经济学理论也被称为"旧福利经济学"而被束之高阁。

针对基数效用测量的不可行性，新福利经济学创始人帕累托纠正了庇古的基数效用理论并提出了序数效用理论，他认为效用的大小是不能具体衡量的，不同个体之间的效用只能通过排序进行比较。帕累托还提出了"帕累托最优"概念：任何人社会福利的增加要以减少他人的福利为代价。在"帕累托最优"概念的基础上，诞生了福利经济学的基本定理（福利经济学第一定理与福利经济学第二定理）。另外，Hicks 和 Allen（1934）完全放弃了基数效用，他们用"偏好尺度"取代了"效用函数"，通过"无差异曲线"与"无差异分析"来分析效用。自此，效用的内涵被人们的偏好所取代，序数效用理论取代了基数效用理论，成为主流经济学的分析范式。

在序数效用理论及"帕累托最优"概念体系下，新福利经济学提出了以下三个命题：其一，个体本人是其福利的最好判断者；其二，社会福利的大小取决于社会的所有成员；其三，如果社会福利状况的改变使得至少一个人的福利变好，但并没有减少任何人的福利，则这种改变就是帕累托改进，也即社会总体的福利状况改善了。前两个命题表明了效用难以进行基数计算，以及难以在不同个体之间进行比较；后一个命题意在反对将富人的财富向穷人转移的主张。

(五) 行为经济学的幸福理论

当主流经济学的效用理论与基数效用渐行渐远时，Kahneman（1999，2000，2006）的体验效用理论再次将基数效用拉入主流经济学视野。Kahneman（1999）对体验效用的论述比较接近边沁的基数效用：①每时每刻我们都在体验效用，都在体验快乐和痛苦；②体验效用具有"量"和"质"的维度，在快乐和痛苦之间存在中性的临界点；③体验效用是对人们体验好坏的一种评价；④体验效用能够加总；⑤即使在序数或等级量表的层面上，体验效用均是可测量的。

针对边沁的基数效用存在的可比性问题，Kahneman（2000）认为其体验效用解决了这个问题。首先，人们对于快乐和痛苦的经历有很强的人际认同感，如人们很容易对失业、重大疾病及失去亲人的感受程度做出比较。其次，行为主体的内在感受与观察者的外在判断比较一致，如通过观察某人的表情和行为能够对该人的快乐程度做出判断。再次，情感体验量表与生理测量之间具有较强的相关性意味着情感的比较具有同一的生理基础（Davidson，2000）。最后，随着脑科学和实验心理学的发展，现代实验心理学能够精确测量人们的"享乐"或"效用"。这些在很大程度上克服了边沁基数效用的可测量性及可比性困难，为其复苏带来了希望。

(六) 发展经济学的幸福理论

发展经济学理论始于20世纪40年代的哈罗德 - 多马

经济增长模型。20世纪50~60年代，发展经济学以经济增长为主要发展目标，其关注的焦点主要集中在宏大的经济理论体系构建方面。然而，20世纪70~80年代，发展经济学开始由宏观研究领域转向微观研究领域，强调经济发展目标的多元性。尤其是联合国于1990年发布的《人类发展报告》通过人类发展指数（HDI）评估，比较了不同国家的发展状况，自此，"人类发展"这一概念引起了广泛的关注。

Sen（1999）认为，"人类发展"是一个多维度的概念，用仅仅包含经济生活、健康及教育三个维度的人类发展指数来衡量发展是远远不够的。Sen（1984，1985，1999）还提出了可行能力视角的发展问题，不仅强调经济发展、社会机会均等，而且强调人的自由、人权、环境、公共治理等。

可见，发展经济学主要以发展中国家的经济发展问题为研究对象，并且，发展经济学作为一门独立的学科，不仅具备独特的研究对象，而且具备独特的分析方法，还具备独特的理论体系。例如，发展经济学在重视发展经济因素的同时，还强调非经济因素对发展的重要性。再如，考虑到发展中国家市场制度的不完备性、信息的不完全性，以及基础设施落后等特征，发展经济学更加强调政府在经济发展中的重要作用（郭熙保，2002）。

由于现实经济系统的分层特征，既有宏观的整体国民经济的发展，也有局部的部门经济、区域经济及产业经济的发展，更有个体自身的发展，因此，一切经济现象均是经济系统的运行及其外在表现，从根本上来说，这些都是建立在微观层次的人的经济行为基础之上的，然而，尽管人的行为有着不尽相同的动机，但追求利益最大化是一个持久的、普遍的动机（叶初升，2005）。

经济增长中隐含的信息与社会真实福利相差甚远，发展的目标不是为了单纯追求经济增长的数量，那么，发展究竟是为了什么？阿马蒂亚·森认为，自由是实现发展的首要目标和主要手段，这可以看作对发展的一种哲学认识，也是对传统发展观的一种挑战。在测度发展方面，早在20世纪70年代初，不丹就提出"国民幸福指数"，并将其分为4个支柱、9个领域和72项指标，强调经济增长、环境保护、文化发展和政府善治。联合国在1990年的《人类发展报告》中首次提出了人类发展指数，将由生活质量、教育水平和预期寿命组成的综合指标作为人类发展的指标，强调以教育和健康为代表的人类发展，用以评价各国的综合发展水平。2011年，联合国环境规划署（UNEP）发布报告，将自然成本和社会成本加入社会财富的新标准中，体现了新的经济发展观。

总之，发展经济学超越一般经济增长意义上的发展，更加强调"包容性发展"概念，注重个体的"生存""自由""自尊"等核心价值的实现。发展经济学区分了经济增长与经济发展在质与量上的不同，且强调非经济因素对发展的重要性，这些对"发展"概念与内涵的界定，均是以提升人们的主观幸福感为宗旨的，因此，发展经济学的理论研究为幸福经济学提供了良好的理论基础。

三 简评

主观幸福感取决于人们的社会经济条件、文化传统以及自身的价值取向，是对自我的社会能力、身体及心理等综合状态的主观体验，是个体的情感、认知等内部世界与经济、文化、环境等外在世界的统一，外在物质需要的满足，是提升幸福感的基本前提，但仅是实现幸福的手段，而人内在的心理需求却能长久地提升幸福感。

从经济学对幸福问题的研究历程可知，主流经济学研究的是如何在稀缺的资源条件下实现财富最大化，而幸福学强调的是如何在既定的外在条件下实现最大化的幸福；主流经济学关注的是理性经济人的理性选择行为，而幸福学意在揭示幸福与其影响因素之间的相关性；在研究方法和理论模型方面，主流经济学更加强调规范性的研究，而幸福学更注重描述性的分析。虽然经济学与幸福学在假设条件、研究内容方面差异较大，但二者之间不存在替代关系，是相得益彰的。

第三章　个体发展与幸福

　　本章基于个体发展视角，分析个体发展的核心变量，包括个体的教育、收入、健康及微观心理等对居民主观幸福感的影响。然而，个体的发展涉及健康、教育、成年后的就业和收入，以及主观心理需要的满足程度等，尤其是个体的健康状况、教育水平及人生早期阶段的主观心理等均与父辈的家庭经济状况密切相连。因此，研究个体发展对主观幸福感的影响，不得不考虑童年时期的家庭经济状况。基于这种认识，我们使用2008年中国综合社会调查微观数据，运用多元递归概率模型，首先分析童年家境对个体的教育、收入、心理需要以及主观幸福感的直接效应，其次分析个体的教育、收入及心理需要等发展指标对其主观幸福感的直接效应，最后分析童年家境通过上述发展指标对主观幸福感的间接效应。

一　研究背景和问题

　　近年来，在中国经济快速增长的同时，居民的财富状况、社会分层出现了固定化、结构化现象，"富二代""穷二代"等身份标签广泛流行。许多实证分析表明，一方面，父辈经济劣势将会对子女的教育、健康、就业及收入等产生负向效应（郭丛斌、闵维方，2007；林闽钢、张瑞利，2012；张立冬，2013）；另一方面，家庭贫困容易使儿童形成孤僻、自卑、冷漠等消极的社会情感，而童年时期形成的这些消极的心理情感会对其一生的发展产生极为不利的影响（Yoder and Hoyt，2005；Conger and Donnellan，2007；Matthews and Gallo，2011）。根据社会学社会分层的劣势累积理论，童年时期这两方面的消极因素会直接影响其成年后的社会经济状况，影响其综合发展。

主观幸福感是人们评价自身生活质量而产生的主观感受（Veenhoven，1984），一方面，主观幸福感具有相对稳定性、同一性、整体性的特征（Easterlin，2001）；另一方面，从内容上看，主观幸福感既包括客观物质福利，也包括个体的认知、情感等主观心理福祉，具备多维度的特征，也即主观幸福感对个体发展具有明显的工具性价值和内在性价值（Alkire，2007）。基于此，本书将主观幸福感作为个体发展的度量标准，以分析童年家境对个体发展的代际传递效应。一方面，纵向分析童年家境对个体教育、收入及主观幸福感的直接效应与间接效应；另一方面，纵向分析童年家境对童年心理需要、目前心理需要以及主观幸福感的直接效应与间接效应。分析童年家境对主观幸福感的效应，在纵向上进一步深化了对主观幸福感问题的研究，以及这种效应背后所反映的个体发展代际传递效应。

值得注意的是，童年家境对个体发展的影响是一个过程，涉及童年家境对个体的教育、收入及心理等方面的影响，并且这些方面是一个连贯的过程，相互之间存在层次递进性关系，共同对个体的主观幸福感产生综合性影响。基于这种认识，本书运用多元递归概率模型，使用2008年中国综合社会调查微观数据，对童年家境对个体发展的影响进行全相关分析，从而实现本书研究的视角、方法、观点的创新。

本章第二部分对相关方面的文献进行综述；第三部分建立多元递归概率计量分析模型，并讨论所采用的中国综合社会调查数据特征和变量选择；第四部分初步对核心变量进行统计性描述分析；第五部分讨论多元递归概率模型实证研究结果，并分析童年家境对主观幸福感的直接效应和间接效应；第六部分是本章的结论和启示。

二　文献评论

（一）童年家境与个体发展

在经济学领域，个体发展主要是指可行能力视角下的人类发展。"人类发展"是一个多维度的概念，包括健康长寿、教育、体面的生活和尊严以及人权等诸多方面（UNDP，1990，1997，2004）。Sen（1999，2000）认为发展应是人们珍视或有理由珍视的自由的过程，其内容涵盖健康、教育、生活水平以及参与性等诸多方面。Alkire（2002，2007）认为人类发展应涵盖就业、主体性和赋权、体面出门的能力、安全以及心理和主观幸福感等维度。可见，"个体发展"是一个多维度的概念，既强调健康、教育及收入等客观物质福利的改善，又关注个体的主观心理福祉。那么，童年家境对个体发展有着怎样的影响？已有研究主要是从健康、教育、收入及主观心理四个方面进行研究的。

家境对儿童健康的影响早在母亲妊娠时期就已存在。贫困家庭的儿童更易出现早产、出生体重低及婴儿时期死亡等。Edith Chen（2004）的研究表明，经济社会地位较低的个体，其健康状况比经济社会地位较高的个体差。而且经济社会地位与健康的关系存在一个梯度：穷人比富人的健康状况更差，且经济社会地位每上升一步，伴随的健康收益都有所增加，且该关系在生命全程中都得到证实。Currie（2009）的研究表明，父母的家庭社会经济地位与个体儿童时期的健康状况、成年后的教育水平以及收入地位等有着很强的正相关性。

家境贫困导致儿童丧失了接受教育的机会，制约了其通过教育实现发展的能力。Carneiro 和 Heckman（2003）指出，家境贫困的孩子接受的教育是非常有限的，成功方面能力的形成也是有差异的（与家境非贫困群体相比）。郭丛斌、闵维方（2006）根据国家统计局 2000 年的城镇住户调查数据，运用对应分析方法，分析家庭经济资本和文化资本对儿童教育机会获得的影响程度，研究表明，家庭经济资本和文化资本处于优势的社会阶层，其子女接受的主要是高等教育；而家庭经济资本和文化资本处于劣势的社会阶层，其子女接受的主要是初等教育和中等教育。

童年家境在很大程度上决定了个体的收入水平。Solon（1992）通过回归模型分析了美国父辈收入对子代收入的影响，研究表明，在控制了年龄等人口特征变量后，代际收入弹性至少是 0.4。Mazumder（2001）重新估算了美国的代际收入弹性，他认为 Solon（1992）对美国的代际收入弹性低估了 30% 左右。Blanden 和 Gibbons（2006）考察了英国的贫困代际传递，发现 16 岁时经历贫困的人中有 19% 在成年后仍处于贫困状态。Bowles 等（2005）的研究表明，父母的家庭社会经济地位决定了孩子的成功机会，尤其是在教育、就业及收入等方面。国内相关实证研究表明，收入在代与代之间存在传承现象（郭丛斌、闵维方，2007；林闽钢、张瑞利，2012；张立冬，2013）。

家境贫困导致绝大多数儿童社会交往的不足和负面的社会心理，包括低自尊、与同伴关系受损及其他内在的社会心理问题。McLoyd（1998）的研究表明，与其他富裕家庭的儿童相比，贫困家庭的儿童比同伴体验到更多的消极情感——缺陷、尴尬、伤害，且他们将社会资源的匮乏内化为剥夺感，认同自己是"贫困团体"的一员，这种消极情感影响儿童的身心健康，容易使其产生心理疾病。Brooks-Gunn 和 Dunncan（1997）的研究发现，家庭贫困的儿童容易出现自卑、孤僻、冷漠等消极情感，缺乏必要的社会交往技能，表现出更多的精神障碍。Burton 和 Phipps（2008）使用加拿大儿童与青年纵向调查数据（NLSCY），研究儿童的主观幸福感与父母收入之间的相关性，研究表明，二者呈现很强的正相关性。Oshio 等（2010）根据日本的微观调查数据，运用多元递归概率模型，研究童年贫困对个体主观幸福感的影响，结果表明，童年贫困直接影响成年主观幸福感，并且通过教育、收入间接影响个体的健康水平及主观幸福感。

由上述研究可知，童年家境确实对个体发展存在代际传递效应，并且童年家境不仅影响个体的教育、健康及收入等客观层面的福利，而且影响个体的主观心理福祉。我们不妨将教育、健康、收入等客观层面的福祉称为研究个体发展问题的客观路径，将个体的心理福祉称为研究个体发展问题的主观路径，也即童年家境对个体发展的代际传递效应存在客观路径与主观路径，且客观路径与主观路径彼此交融，共同影响个体的综合发展。用一个综合性的标准度量个体发展的客观福利与主观福祉，是研究童年家境对个体发展代际传递效应的关键。

（二）主观幸福感与个体发展

在经济学领域，主观幸福感是指人们对其生活质量进行积极的评价，主要分为两种：一种是基于认知的评价，是对生活整体领域和具体领域的满意度评价；另一种是基于情感的评价，包括对积极情感与消极情感的评价（Veenhoven，1984）。主观幸福感对人的发展具有明显的工具性价值和内在性价值（Alkire，2007），也即主观幸福感不仅是实现发展的手段，而且是实现发展的最终目标（Ng，1996；Frey and Stutzer，2002；Layard，2005）。

作为个体发展的手段和目标，主观幸福感至少有以下三个方面的优势：首先，主观幸福感不仅涉及经济、工作、健康等具体领域的客观物质福利，而且包括个体的认知、情感等主观福利，具备多维度的特性；其次，主观幸福感虽然是不同个体根据自身的体验报告出来的，但长期而言，影响主观幸福感的核心因素基本上是不变的，因此，主观幸福感具有相对稳定性、同一性、可比性的特征（Easterlin，2001）；最后，生物脑科学、心理学及统计学科的发展，为进一步准确测量主观幸福感提供了很好的技术支持。因此，主观幸福感在衡量个体发展方面具有明显的工具性价值和内在性价值，基于此，本书将主观幸福感作为度量个体发展的最终标准，根据童年家境与主观幸福感之间的相关性，判断童年家境对个体发展的代际传递效应。

（三）研究思路和方法

根据现有研究文献，我们可以形成两个基本判断，从而启示我们明确"童年家境与个体发展"进一步研究的方向。

其一，已有研究主要集中在童年家境对个体教育、收入等物质福利方面的影响，忽视了家境对个体主观心理的影响。事实上，个体发展可以看作扩展人们享有主观幸福感的一个过程，个体的主观幸福感除了取决于教育、收入等物质层面的因素外，还取决于个体心理需要的满足程度。Ryan 和 Deci（2000，2001）的自我决定理论（Self-determination Theory，SDT）研究的是人的内在成长趋向和先天的心理需要。通过归纳，Ryan 和 Deci 得出了三种基本心理需要——能力需要（Need for Competence）、关系需要（Need for Relatedness）和自主需要（Need for Autonomy），这三种基本心理需要是实现个体发展和个体幸福的必要前提。因此，这三种基本需要被自我决定理论认为是幸福感的三个基本因素，它们不仅仅是心理健康的最低要求，还是社会环境必须提供给人们以促进其成长和发展的基本养料。基于此，本书在关注童年家境通过教育、收入对主观幸福感的间接效应的同时，还分析了童年家境通过童年心理需要、目前心理需要对主观幸福感的间接效应，通过客观路径、主观路径两种途径分析童年家境对个体发展的代际传递效应。

其二，已有文献着重分析童年家境对个体发展某一个侧面的直接效应，如童年家境对个体教育或收入等方面的影响。事实上，童年家境对个体发展的影响是一个过程，涉及童年家境对个体的教育、收入及心理等方面的影响，值得注意的是，这些方面是一个连贯的过程，相互之间存在层次递进性关系，共同影响个体的综合发展。因此，本书没有采用一般的多元回归分析方法（偏相关系数），而是进行全相关的整体性分析，为了达到这个目的，本书运用多元递归概率模型，将教育、收入、心理需要及主观幸福感等均作为个体发展的重要维度，将主观幸福感作为个体发展的最终度量标准，通过客观路径、主观路径两种途径分析童年家境对个体发展的代际传递效应：一是童年家境对个体教育、收入及主观幸福感的直接效应与间接效应；二是童年家境对个体童年心理需要、目前心理需要以及主观幸福感的直接效应与间接效应。

三　模型、数据与变量

（一）幸福函数最优化分析

主观幸福源于内部世界与外在世界的统一，主观幸福感是外在客观因素与主观心理因素共同作用的结果。因此，幸福函数的构建不同于主流经济学的效用函数，幸福函数不仅包括收入、消费等外在因素，而且涵盖个体的主观心理因素。本书在娄伶俐（2010）的幸福函数研究的基础上，给出具体的幸福函数如下：

$$H = f\{U[I(t)], P(t), U(\bar{R})\} + \varepsilon \quad (3-1)$$

其中，t 表示时间，I 主要指以收入（或者消费）为主的客观物质因素，$P(t)$ 指个体的主观心理因素，$U[I(t)]$ 是外在因素变化对个体所产生的效用或者幸福，$U[P(t)]$ 是心理需要的满足对个体所产生的效用或者幸福，R 指影响幸福的一些固定因素（如民族特征、文化环境等），ε 指随机因素。值得注意的是，$\partial H/\partial I > 0$，$\partial^2 H/\partial^2 I < 0$；$\partial H/\partial P > 0$，$\partial^2 H/\partial^2 P > 0$。

在式 3-1 中，收入等客观物质因素不能直接产生主观幸福感，必须通过人的感受体验产生效用满足从而产生主观幸福感，因此，客观物质因素要转化成效用函数 $U[I(t)]$。而心理因素本身就是人们的主观心理感受（主观心理的满足直接产生幸福感，心理因素 P 无须通过"效用转化"，直接影响幸福函数）。另外，客观物质因素与主观心理因素均是时间 t 的函数。一般而言，客观物质因素在商品消费过程中具有饱和性、餍足性以及边际效用递减的特征，因此客观物质因素的边际幸福函数是边际递减的。不同于客观物质因素，个体的主观心理具有非饱和性、无餍足性的特征，主观心理因素的边际幸福函数是递增的。

根据幸福的边际函数，我们可以通过求导的方式计算个体的总的幸福感：$H = \int_t h(t) \, dt = \int_0^t h_i dt + \int_{t_i}^T h_p dt$。而幸福函数最优化问题也转变为幸福函数不同影响因素的时间资源分配问题，也即若幸福函数每种因素带来的边际幸福相同，则个体便获得了最大的主观幸福感。在此，我们借鉴保险的隐函数，尝试分析幸福最优化问题，具体分析如下：

$$\max H = f\{U[I(t)], P(t), U(\bar{R})\}$$
$$\text{s.t.} \quad G[I(t), P(t)] = 0 \quad (3-2)$$

其中，$G[I(t), P(t)] = 0$ 是 I 和 P 的约束函数，是表示时间资源在 $I(t)$ 与 $P(t)$ 之间的分配。具体见图 3-1。显然，总的时间资源是有限的，$I(t)$ 与 $P(t)$ 存在此消彼长的关系。例如，从 A 点到 B 点，用来满足主观心理需要的时间从 P_1 增加到 P_2，而用来满足物质需要的时间则从 I_1 下降到 I_2。

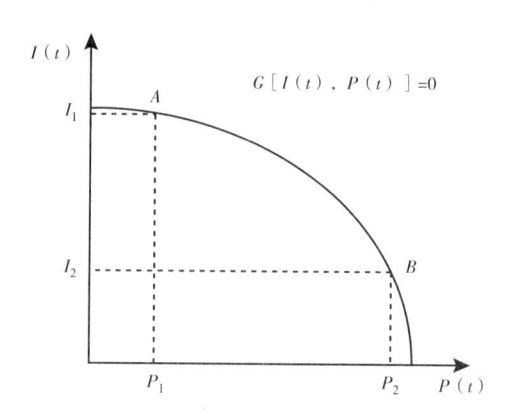

图 3-1 时间资源的分配

由于主观心理因素的主观性，我们无法用具体的价格来衡量，在此，我们假设主观心理因素的影子价格为 λ_p，以收入为主的客观因素的价格为 λ_I，则幸福函数最优化的条件是：

$$\frac{\partial H/\partial I}{\partial H/\partial P} = \frac{H'_I(t_1)}{H'_P(T-t_1)} = \frac{G_I}{G_P} = \frac{\lambda_I}{\lambda_p} \quad (3-3)$$

上述分析表明，个体的主观幸福感不仅取决于外部环境因素，而且受主观心理的影响，并且，人们需要在"挣钱"与"情感"之间合理分配时间，一味地"挣钱"而忽视主观心理的调节或情感需要，就可能产生主观不幸福，也就会出现幸福与收入不一致的"幸福收入悖论"现象。可见，幸福不是上帝的恩赐，是人类内部世界与外部世界、主观与客观的统一。人们对物质财富的追求造就了一个神话，然而人们却离幸福之巅越来越远。这主要是外部因素与主观心理因素对主观幸福感的影响机制不同导致的。

图3-2描绘了主观幸福感的产生机制。由图3-2可知，外部因素（如收入或其他经济因素）对主观幸福感的影响是比较短暂的，在人们的基本需求尚未得到满足的情况下，经济条件的改善能显著提升其主观幸福感。然而，当人们的基本需求得到满足之后，额外增加的收入或财富对主观幸福感的正效应不再显著，甚至出现负效应。长期而言，由于攀比心理及适应性心理，人们会把自己拥有的包括金钱、房子、汽车在内的"财富"与自己曾经拥有的或者别人拥有的进行比较，而比较所造成的差异将会侵蚀外部因素，从而影响对主观幸福感的正效应。

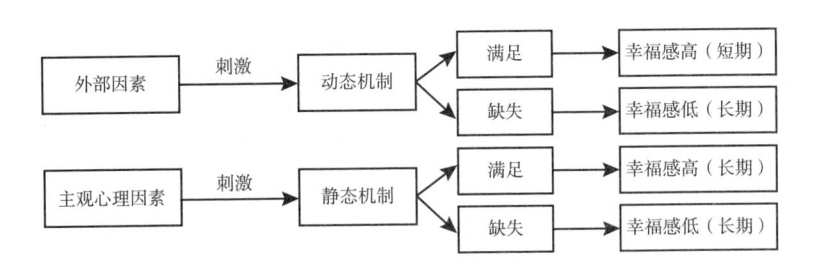

```
外部因素 ──刺激──→ 动态机制 ──→ 满足 ──→ 幸福感高（短期）
                              ──→ 缺失 ──→ 幸福感低（长期）

主观心理因素 ──刺激──→ 静态机制 ──→ 满足 ──→ 幸福感高（长期）
                                ──→ 缺失 ──→ 幸福感低（长期）
```

图3-2 主观幸福感的产生机制

与外部因素不同，人们的主观心理难以用货币计价和比较，不存在攀比导致的负效应，无论是短期还是长期，积极向上的主观心理均能产生持久的主观幸福感。例如，一种健康的、阳光的、淡泊宁静的心态可能会增强人们的幸福感。若人们一味追求物质财富的积累而忽视人的内在心理需要，则永无休止的攀比将会侵蚀财富积累带来的正效应，使其陷入"不幸福的深渊"。因此，我们必须正视金钱的工具性功能，追求内在价值和心理需要，实现物质文化生活水平与主观幸福感同步提升的目标。

（二）多元递归概率模型

考虑到童年家境对个体的教育、收入、心理需要及主观幸福感等方面存在直接效应与间接效应，我们选择多元递归概率模型分析童年家境对个体发展方面的直接效应与间接效应。Oshio等（2010）使用多元递归概率模型分析童年贫困、教育水平及收入对个体健康水平、主观幸福感的直接效应与间接效应。本书也沿用这一模型，但在估计方法及变量的选择方面做了处理，在分析童年家境对个体的教育、收入及主观幸福感的直接效应与间接效应的同时，还分析了童年家境对童年心理需要、目前心理需要及主观幸福感的直接效应与间接效应，前者反映了童年家境对个体发展的客观路径，后者反映了童年家境对个体发展的主观路径，为了便于下文分析，本书将两种路径简化为"客观路径"和"主观路径"。

多元递归概率模型是联立方程模型的一种特殊形式，是由多个相互联系的单一方程组成的方程组：第一个方程的解释变量只包含外生变量；第二个方程的解释变量包含外生变量和第一个方程中的被解释变量（内生变量）……一般的，第m个方程的解释变量包含外生变量和第$m-1$个方程的被解释变量。本书的第一个被解释变量为童年家境，最后一个被解释变量为主观幸福感，在客观路径分析中，中间内生变量分别是高等教育与收入贫困，而在主观路径分析中，中间内生变量分别是童年心理需要与目前心理需要。考虑到各个变量度量单位的不统一，如心理及幸福感是离散变量，而收入是连续变量，为使问题便于处理，本书将所有内生变量统一为二值变量，并通过 Probit 模型估计递归系统模型的参数。本书的递归系统模型设置如下：

$$\begin{cases} y_1^* = X_1\beta_1 + u_1 \\ y_2^* = \alpha_{21}y_1 + X_2\beta_2 + u_2 \\ y_3^* = \alpha_{31}y_1 + \alpha_{32}y_2 + X_3\beta_3 + u_3 \\ y_4^* = \alpha_{41}y_1 + \alpha_{42}y_2 + \alpha_{43}y_3 + X_4\beta_4 + u_4 \end{cases} \quad (3-4)$$

若 $y_g^* > 0$，则 $y_g = 1$，否则 $y_g = 0, g = 1,2,3,4$。

其中，y_g^* 是 y_g 的潜在二值变量；X_g 是解释 y_g 的先决变量向量；$u_1,\cdots,u_4$ 是服从正态分布的误差项；$\mathrm{var}(u_g) = 1$，$g = 1,2,3,4$；y_1 表示童年家境；y_4 表示主观幸福感；y_2 与 y_3 在客观路径分析中分别表示高等教育与收入贫困，在主观路径分析中分别表示童年心理需要与目前心理需要。

由于递归系统模型中第 1 个方程的解释变量全部是先决变量，因此可以用单方程模型的估计方法直接估计第 1 个方程的参数，并得到关于被解释变量的估计值 $\hat{y}_1 = (\hat{y}_{11}, \hat{y}_{12}, \cdots, \hat{y}_{1n})$。在第 2 个方程的解释变量中，除了在第 1 个方程中作为被解释变量的 y_1 外，全部为先决变量，后面的方程依此类推。因此，有两种可以用于该方程参数估计的方法：一种是以 $\hat{y}_1$ 取代方程中的 y_1 作为解释变量，然后用 Probit 模型，用最大似然估计法估计其参数；另一种是以 $\hat{y}_1$ 作为方程中 y_1 的工具变量，使用 Probit 模型，采取工具变量方法估计方程参数。两种方法的原理与思路是不同的，但是所得到的参数估计量是相同的。本书选择工具变量法估计其参数。

另外，为保证模型估计的一致性，Maddala（1983）提出，至少要有一个简化形式的外生变量，不能在结构方程中作为解释变量。为此，我们假定：① X_1 中至少有一个外生变量不包含在 X_2 中；② X_1、X_2 中分别至少有一个外生变量不包含在 X_3 中；③ X_1、X_2、X_3 中分别至少有一个外生变量不包含在 X_4 中。

（三）数据特征与变量选择

由已有研究可知，父辈的经济状况直接影响个体的综合发展，尤其是健康、教育及收入等方面的发展。然而，考虑到缺乏大规模的代际数据，尤其是父辈早期的经济状况、就业及教育等方面的数据，2008年中国综合社会调查微观数据包含受访者14岁时家庭在当地的经济社会地位、14岁时的家庭所在地、14岁时父母的职业、父母的受教育程度等早期数据，这些数据虽然是通过受访者自我报告的形式获得的，但在一定程度上能反映出早期的家境对个体发展的影响。因此，本书使用2008年中国综合社会调查数据，有效样本量为6000个。然而，考虑到我国60岁以上的群体大多处于退休阶段（或失业无收入状态），其收入比较稳定，因此，本书删除了60岁及以上的样本量。另外，考虑到学生未就业，无法观察目前的收入状况，因此也排除学生样本。

由已有研究可知，个体的健康、教育、就业（或者收入）、心理需要的满足程度等，均是影响其综合发展的重要因素，亦是决定其主观幸福感的关键因素。因此，本书的主要因变量有童年家境、高等教育、收入贫困、童年心理需要、目前心理需要及主观幸福感等。另外，个体的健康状况是影响其发展的重要因素，但考虑到健康受遗传、外在环境等因素的影响较大，在此，我们将健康作为重要的控制变量，而非因变量之一。书中所有变量及其含义见表3-1。

表3-1 变量及其含义

总体分类	变量名	变量解释
因变量	童年家境	童年家境贫困为1，其他为0
	高等教育	教育水平在大专及以上的为1，其他为0
	收入贫困	目前的家庭人均收入在贫困线以下的为1，其他为0
	童年心理需要	童年时期三大心理需要得不到满足的为1，其他为0
	目前心理需要	目前三大心理需要得不到满足的为1，其他为0
	主观幸福感	主观幸福水平是比较幸福、非常幸福的为1，其他为0
14岁时的家庭状况	父亲全职就业	父亲全职就业为1，其他为0
	母亲全职就业	母亲全职就业为1，其他为0
	父亲受教育程度	文盲为1，私塾为2……研究生及以上为14
	母亲受教育程度	文盲为1，私塾为2……研究生及以上为14
	14岁农村户籍	14岁时为农村户籍的为1，其他为0

续表

总体分类	变量名	变量解释
目前的个体特征变量	年龄	岁
	年龄平方	岁
	女性	女性为1,男性为0
	农村户籍	目前是农村户籍的为1,其他为0
	中共党员	中共党员为1,其他为0
	人口规模	人
	汉族	汉族为1,其他为0
	健康状况	非常不健康为1……非常健康为5
	教育水平	文盲为1,私塾为2……研究生及以上为14
	人均收入对数	家庭人均收入对数
	已婚(基准组)	已婚有配偶为1,其他为0
	未婚	未婚为1,其他为0
	离婚	离婚为1,其他为0
	丧偶	丧偶为1,其他为0

家境主要是指家庭的经济状况，考虑到童年时期家庭收入的不可获得性，本书用较低的社会经济地位（Socio Economic Status, SES）来衡量童年家境。社会经济地位主要是根据个体获取或控制有价值资源（如财富、权力与社会地位等）而对其进行的层级排名，它反映了个体获取现实或潜在资源的差异。特别的，当个体处于经济资源匮乏或被剥夺状况时称为贫困，它是低社会经济地位的一种表现形式。书中的童年家境数据主要由受访者自我报告14岁时家庭社会经济地位而得。CGSS对童年家境设计的问题是："在我们的社会里，有些群体居于顶层，有些群体则处于底层，您认为您14岁时，您的家庭处在哪个等级上？"

1分代表最顶层，10分代表最底层。我们定义6~10分为童年家境贫困，y_1取值为1，否则为0。一般而言，家庭社会经济地位通常以父母的职业、受教育程度及家庭收入来度量，本书用父母的受教育程度、职业状况解释童年家境，在很大程度上避免了模型中的内生性问题。

另外，本书中的童年家境主要由受访者回顾14岁时家庭等级所得，因而受访者目前的个体特征也是影响回答结果的重要因素。因此，X_1包含两部分内容，分别是受访者14岁时的相关变量（包括家庭所在地、父母的职业以及父母的受教育程度）与受访者目前的个体特征变量。值得注意的是，根据Maddala（1983）的研究结果，为保证模型估计的一致性，本书将所有先决变量放到递归系统模型的第一个方程中，而在后续的方程中，先决变量随机减少。这样既保证了模型的一致性，也避免了遗漏变量问题，因为部分个体特征变量虽然没有直接解释y_2、y_3、y_4，但可以通过y_1间接解释它们。

本书用高等教育来衡量个体的教育背景优势，因为九年义务教育已在全国范围内得到普及，也即在一定意义上，中学教育对个体就业没有特别大的教育背景优势。因此，在客观路径分析中，y_2表示高等教育，本书定义受访者具有大专及以上学历时，y_2为1，其他为0。在主观路径分析中，y_2表示童年心理需要，本书中的心理需要主要是建立在Ryan和Deci提出的三种基本需要基础上的，CGSS针对受访者童年和目前的三大心理需要设计的问题见表3-2。童年心理需要变量是受访者童年时三大心理需要得分的加总，加总后的最大值是 11，最小值是 3，本书定义童年心理需要处于均值（6.999）以下时，y_2 为 1，其他为 0。方程中的解释变量除了内生变量 y_1 外，还包括父母的受教育程度、14 岁时的户籍，以及受访者的年龄、性别和户籍等特征变量。

表 3-2 CGSS 中有关心理需要的问题

	心理需要		非常不同意	不同意	同意	非常同意
童年心理需要	能力需要	我觉得自己很少有可以引以为荣的事情	1	2	3	4
	关系需要	我常觉得很难去处理我和同学间的冲突	1	2	3	4
	自主需要	我觉得自己常常不能掌控与学业有关的事情	1	2	3	4
目前心理需要	能力需要	我觉得自己很少有可以引以为荣的事情	1	2	3	4
	关系需要	我觉得很难处理与别人的利益冲突	1	2	3	4
	自主需要	我觉得自己常常不能掌控自己的事情	1	2	3	4

在客观路径分析中，y_3 表示收入贫困，主要是指受访者目前的收入状况。考虑到受访者（如家庭主妇）可能没有就业来源，因此本书用家庭人均收入（而非职业状况）来衡量收入贫困，定义家庭人均收入在 1067 元（取 2008 年国家低收入贫困线标准，极端贫困线标准是 785 元）以下时，y_3 为 1，否则取值为 0。而在主观路径分析中，y_3 表示目前心理需要。目前心理需要变量是受访者目

前三大心理需要得分的加总，加总后的最大值是11，最小值是3，本书定义目前心理需要处于均值（6.986）以下时，y_3为1，其他为0。方程中的解释变量除了内生变量y_1、y_2外，还包括性别、政治面貌、民族及健康状况等个体特征变量。

y_4表示个体的主观幸福感。CGSS对主观幸福感设计的问题是："整体来说，您觉得您快不快乐？"要求受访者在很不快乐到很快乐，即1~5的范围内打分。尽管心理学对"生活满意度""快乐""主观幸福感"等概念做了详细的区分，但在经济学研究中，这些概念可以交替使用（Easterlin，2003；Layard，2005）。基于此，本书用"快乐程度"代表"主观幸福感"，表示受访者的主观福祉。另外，本书定义，当受访者很快乐、快乐时，y_4为1，否则取值是0。具体变量的描述性统计见表3-3。

表3-3 变量描述性统计

变量	均值	标准差	最小值	最大值	样本数
童年家境	0.753	0.431	0	1	5079
高等教育	0.152	0.359	0	1	5079
收入贫困	0.063	0.243	0	1	4814
童年心理需要	0.663	0.472	0	1	4203
目前心理需要	0.656	0.475	0	1	4203
主观幸福感	0.630	0.483	0	1	5079
父亲全职就业	0.372	0.483	0	1	4814
母亲全职就业	0.182	0.386	0	1	4814
父亲受教育程度	3.197	2.416	1	14	4814

续表

变量	均值	标准差	最小值	最大值	样本数
母亲受教育程度	2.373	1.943	1	14	4814
14岁农村户籍	0.584	0.493	0	1	5079
年龄	40.283	11.066	18	60	5079
年龄平方	1745.19	896.58	324	3600	5079
女性	0.524	0.499	0	1	5079
农村户籍	0.342	0.474	0	1	5097
中共党员	0.100	0.300	0	1	5079
人口规模	3.264	1.37	1	14	5077
汉族	0.928	0.259	0	1	5079
健康状况	3.756	1.021	1	5	5079
教育水平	5.309	2.667	1	14	4203
人均收入对数	8.822	1.061	5.011	13.998	4196
已婚(基准组)	0.832	0.374	0	1	5077
未婚	0.106	0.308	0	1	5077
离婚	0.020	0.141	0	1	5077
丧偶	0.018	0.135	0	1	5077

四 核心变量的统计分析

童年家境对个体发展有着怎样的影响？

在对模型回归之前，我们对核心变量进行偏相关分析。表3-4表明，与其他群体相比，童年家境对高等教育的直接负效应是10.19%，童年家境对收入贫困的直接正效应是6.09%，童年家境对主观幸福感的直接负效应是7.11%。并且，高等教育对收入贫困的直接负效应是 10.01%，高于童年家境对收入贫困的直接正效应（6.09%）。可见，通过高等教育，能使童年家境贫困的群体摆脱收入贫困。另外，高等教育对主观幸福感的直接正效应是 13.91%，收入贫困对主观幸福感的直接负效应是 11.61%，也即接受高等教育、摆脱收入贫困能显著提升我国居民的主观幸福感。

表3-4 核心变量的偏相关系数及显著性：客观路径（N=4814）

变量	童年家境	高等教育	收入贫困	主观幸福感
童年家境	1.0000			
高等教育	-0.1019***	1.0000		
收入贫困	0.0609***	-0.1001***	1.0000	
主观幸福感	-0.0711***	0.1391***	-0.1161***	1.0000

注：偏相关系数是指排除其他变量影响后，两个变量之间的相关系数；各变量都是二值变量；*** 表示在1%的统计水平下显著。

表3-5表明，童年家境显著影响了个体的童年心理需要、目前心理需要和主观幸福感。其中，童年家境对童年心理需要的直接正效应是 10.19%，童年家境对目前心理需要的直接正效应是 6.09%，童年家境对主观幸福感的直接负效应是 7.11%，也即童年家境贫困的群体，其童年心理需要、目前心理需要更不容易得到满足，更容易自我报告不幸福。并且，童年心理需要、目前心理需要若得不到满足，会直接使个体主观不幸福。

表 3-5 核心变量的偏相关系数及显著性：主观路径（N=4814）

变量	童年家境	童年心理需要	目前心理需要	主观幸福感
童年家境	1.0000			
童年心理需要	0.1019***	1.0000		
目前心理需要	0.0609***	0.1001***	1.0000	
主观幸福感	-0.0711***	-0.1391***	-0.1161***	1.0000

注：偏相关系数是指排除其他变量影响后，两个变量之间的相关系数；各变量都是二值变量；*** 表示在1%的统计水平下显著。

由表 3-4、表 3-5 可知，在排除其他变量的情况下，核心变量之间存在显著的相关性，童年家境对个体的教育、收入及心理需要等产生了显著的直接效应，且个体的教育、收入及心理需要等对其主观幸福感产生了显著的影响，可见童年家境、高等教育等变量将会通过一些间接变量对主观幸福感产生间接效应。因此，接下来，我们通过多元递归概率模型，在控制相关变量的情况下，全面分析这些直接效应与间接效应。

五 实证模型结果分析

（一）多元递归概率模型回归结果分析

表 3-6 中，模型（1）、模型（2）、模型（3）与模型（4）分别是主观幸福感对童年家境、高等教育、收入贫困的回归结果。

表3-6 多元递归概率模型回归结果：客观路径

变量	模型(1) 童年家境	模型(2) 高等教育	模型(3) 收入贫困	模型(4) 主观幸福感
童年家境		-0.760*** (0.100)	0.205*** (0.0612)	-0.684*** (0.217)
高等教育			-0.303** (0.125)	0.362*** (0.0652)
收入贫困				-0.339*** (0.0802)
父亲全职就业	-0.200*** (0.0547)			
母亲全职就业	-0.258*** (0.0633)			
父亲受教育程度	-0.00309 (0.00963)	-0.000227 (0.000166)		
母亲受教育程度	-0.0233* (0.0126)	0.0402*** (0.0145)		
14岁时农村户籍	0.0437 (0.0588)	0.00406 (0.0523)		
年龄	0.0365*** (0.0135)	0.0192 (0.0123)		
年龄平方	-0.000397** (0.000166)	-0.000385** (0.000155)		
女性	-0.116*** (0.0416)	-0.212*** (0.0399)	0.0950** (0.0386)	
农村户籍	0.258*** (0.0562)	-0.381*** (0.0957)		
中共党员	-0.0389 (0.0689)		0.0501 (0.0738)	
人口规模	-0.0107 (0.0157)		0.0948*** (0.0169)	

续表

变量	模型(1) 童年家境	模型(2) 高等教育	模型(3) 收入贫困	模型(4) 主观幸福感
汉族	-0.0749 (0.0807)		-0.134* (0.0691)	
健康状况	-0.0735*** (0.0218)		-0.0457** (0.0219)	0.216*** (0.0218)
未婚	-0.1671* (0.0849)			-0.116* (0.0698)
离婚	-0.1672 (0.1416)			-0.661*** (0.137)
丧偶	-0.0275 (0.1534)			-0.322** (0.136)
常数项	0.310*** (0.315)	0.618** (0.287)	-0.562*** (0.129)	0.191*** (0.229)
Prob > Chi²	0.0000	0.0000	0.0000	0.0000
样本量	4814	4814	4814	4814

注：表中的各项系数分别表示解释变量每变化一单位时，被解释变量的概率变化值；括号内数据为稳健标准误；***、**、*分别表示在1%、5%和10%的统计水平下显著。

由模型（1）可知，在控制相关变量的基础上，父母全职就业是影响童年家境的显著因素；父亲受教育程度对童年家境的影响并不显著，然而，母亲受教育程度能在一定程度上降低童年家境贫困的可能性；受访者14岁时农村户籍对童年家境的影响不显著，而农村户籍却增大了童年家境贫困的可能性，也即居住在农村的受访者，对其14岁时家庭社会经济地位的评价更倾向于底层，从某种意义上而言，这种结果表明我国城乡差距呈现扩大的趋势。

模型（2）表明，在控制相关变量的基础上，童年家境贫困的群体，成年后获得高等教育的可能性将会下降76%。这与国内外的相关研究结论比较一致：家境贫困的孩子，接受的教育是非常有限的（Carneiro and Heckman，2003；Bowles et al.，2005；郭丛斌、闵维方，2006，2007）。迫于经济方面的压力，贫困家庭的子女通常没有良好的学习场所，甚至不能负担学习经费，而参加辅导班或夏令营等活动更是遥不可及的事情。由于经济条件的限制，贫困家庭子女的教育需求无法得到满足，贫困导致儿童丧失了接受教育的机会，制约了其通过教育实现发展的能力。

值得注意的是，在控制相关变量的同时，虽然父亲受教育程度对子女是否能接受高等教育几乎没有影响，但是母亲接受较高水平的教育，能显著增大子女接受高等教育的可能性。相对于父亲而言，母亲在家庭中扮演着"相夫教子""贤妻良母"的角色，与孩子接触的时间和领域占据优势，言传身教中子女主要受母亲的影响，显然，在很大程度上，母亲受教育程度决定了子女接受高等教育机会的大小，且这一结论与国内外很多研究结论是一致的：父母的受教育程度对子女教育呈现代际传递的特点，且母亲受教育程度对子女教育的影响大于父亲（Jere and Mark，2002；Plug，2002；Chevalier，2004；郭丛斌、闵维方，2006；王爱君，2009）。尽管母亲的受教育水平对打破教育代际传递有着决定性的影响，但遗憾的是，模型（2）中女性的系数显著为负，也即女性接受高等教育的机会显著低于男性。

另外，受访者14岁时是否接受高等教育在城乡间并无差异，然而目前的户籍状况却显著影响了个体接受高等教育的机会，农村孩子接受高等教育的机会显著低于城市孩子。这与我国的现实情况也是一致的：21世纪以来，农村孩子在大学生源中的比例与20世纪80年代相比，几乎下降了一半，这就意味着通过高考，农村孩子向上流动的渠道正在"缩窄"。

模型（3）表明，在控制相关变量的同时，与其他群体相比，童年家境贫困的群体成年后陷入收入贫困的概率将提升20.5%，此结果再次证明了贫困在父辈与子代之间的代际传承性。然而，个体若能接受高等教育，其成年后陷入收入贫困的概率将下降30.3%（大于20.5%），也即教育在切断贫困代际传递链条方面起着关键性的作用。当然，这也是不难理解的，教育水平的提升，相应提高了其技能水平，加快了其职业晋升的步伐，获得了更多的机遇，能够找到富有的伴侣，等等，这些都有利于其收入水平的提升。身体健康是脱贫的前提保障，疾病尤其是重大疾病，极易使家庭陷入极端贫困。另外，与男性与汉族群体相比，女性、少数民族群体更容易陷入贫困，这为扶持少数民族地区发展、减少性别歧视（尤其是就业方面）等方面的政策制定提供了支撑依据。

由模型（4）可知，在控制相关变量的基础上，童年家境、收入贫困对主观幸福感存在显著的负效应。收入贫困不仅使贫困群体的基本物质条件匮乏，导致其丧失诸多基本权利,进而陷入心理贫困,使其处于不幸福的状态,重要的是,童年家境贫困对主观幸福感的负效应更大。可见,童年家境对个体发展的影响至关重要,甚至超过个体收入贫困对其主观幸福感的影响,这进一步证明了我们从童年家境视角研究个体综合发展的合理性与必要性。另外,接受高等教育的群体,其获得主观幸福感的概率将提升36.2%,可见教育不仅在切断贫困代际传递链条方面起着重要作用,而且在提升居民主观幸福感方面也起着关键性作用,这一结论与已有研究一致。例如,金江、何立华(2012)使用2007年武汉市城镇居民主观幸福感调查数据研究教育与主观幸福感的关系,结果表明,教育不仅直接对主观幸福感产生正效应,而且通过改善个体的收入水平和健康状况间接提升其幸福水平。

表3-7是主观幸福感对童年家境、童年心理需要及目前心理需要的回归结果。表明3-7表明,童年家境不仅对主观幸福感有直接效应,而且通过童年心理需要、目前心理需要对主观幸福感有间接效应,进一步证明了客观路径回归结果的稳健性。

表3-7 多元递归概率模型回归结果:主观路径

变量	模型(5) 童年心理需要	模型(6) 目前心理需要	模型(7) 主观幸福感
童年家境	0.824*** (0.338)	0.486** (0.345)	-0.311*** (0.311)
童年心理需要		0.702*** (0.0614)	-0.154*** (0.0496)

续表

变量	模型(5) 童年心理需要	模型(6) 目前心理需要	模型(7) 主观幸福感
目前心理需要			-0.0550*** (0.0481)
父亲全职就业	0.0190 (0.0558)		
母亲全职就业	0.121** (0.0688)		
父亲受教育程度	-0.00907 (0.00976)		
母亲受教育程度	-0.00869 (0.0138)		
14岁时农村户籍	-0.0661 (0.0519)		
年龄			-0.0655*** (0.0165)
年龄平方			0.000756*** (0.000196)
女性	0.115*** (0.0366)	0.0669 (0.0453)	
农村户籍	0.0221 (0.0653)		
中共党员		-0.0675 (0.0715)	
人口规模		-0.0303* (0.0182)	
汉族		-0.0400 (0.0874)	
健康状况		-0.0861*** (0.0238)	0.200*** (0.0227)

续表

变量	模型(5) 童年心理需要	模型(6) 目前心理需要	模型(7) 主观幸福感
教育水平		0.00643 (0.0109)	
人均收入对数		-0.0902*** (0.0329)	0.181*** (0.0289)
未婚			-0.277*** (0.0902)
离婚			-0.659*** (0.144)
丧偶			-0.376** (0.153)
常数项	-0.906*** (0.348)	0.546** (0.574)	-0.214*** (0.531)
Prob > Chi^2	0.0000	0.0000	0.0000
样本量	4203	4196	4196

注：表中的各项系数分别表示解释变量每变化一单位时，被解释变量的概率变化值；括号内数据为稳健标准误；***、**、*分别表示在1%、5%和10%的统计水平下显著。

由模型（5）可知，与童年家境富裕的群体相比，童年家境贫困的群体，其童年心理需要得不到满足的可能性提升了82.4%。对绝大多数儿童而言，贫困容易导致其社会交往不足并产生负面的社会心理，包括低自尊、与同伴关系受损及其他内在的社会心理问题（McLoyd，1998；Brooks-Gunn and Dunncan，1997；Oshio and Kobayashi，2010）。家境不同，父母对孩子的影响也存在很大的差异。在我国，对于大多数贫困家庭的孩子而言，尤其是农村的留守儿童，父母往往因家庭经济压力而忙于奔波，缺乏与孩子的相处时间，并且，父母往往会因经济压力而产生心理压力，进而可能导致父母采取严厉惩罚、低温暖等不良教养方式，这些都会导致儿童产生负向心理。

父亲全职就业对童年心理需要的影响并不显著，而母亲全职就业反而增加了童年心理需要得不到满足的可能性。这与我国"男主外、女主内"的现实状况比较吻合，相比父亲，母亲有充沛的时间和精力教育子女，若是母亲也全职就业，自然缺乏教育孩子的时间和精力。另外，相比男性，女性童年时期更容易出现心理问题。

为避免遗漏经济变量，本书在模型（6）中控制了人均收入对数与教育水平变量。在控制相关变量的基础上，童年家境、童年心理需要显著影响个体的目前心理需要，也即童年家境不仅对目前心理需要产生直接影响，而且通过童年心理需要对目前心理需要产生间接影响。童年心理需要在某种程度上决定了其童年性格的形成，而童年的性格对于个体而言是非常重要的，它是此后性格发展的基础，因此，童年心理需要自然会显著影响个体的目前心理需要。正如作家孙犁所说："幼年的感受，故乡的印象，对于一个作家是非常重要的东西，正像目前的语言对于婴儿的影响。"另外，受访者目前的人均收入、健康状况及家庭人口规模也是影响其心理需要的重要因素。

在模型（7）中，在控制收入及相关个体特征变量的基础上，童年家境贫困的群体，其主观不幸福的概率上升31.1%；童年心理需要得不到满足的群体，其主观不幸福的概率上升15.4%，目前心理需要得不到满足的群体，其主观不幸福的概率上升5.5%。另外，收入、健康、年龄及婚姻状况等变量对主观幸福感的影响与已有研究结论一致（Clark and Oswald，1996；Blanchflower and Oswald，2004；Clark et al.，2008；田国强、杨立岩，2006；何立华、金江，2011；张学志、才国伟，2011），这进一步证明了本书模型设置的可靠性与回归分析的稳健性。

综合表3-6、表3-7可知，个体的发展是多维度的，涉及个体的教育、收入、健康及主观心理等多方面。个体的发展是一个历时过程，涉及个体童年的家庭社会经济地位以及父母的受教育程度、职业等方面。童年家境不仅直接影响个体成年后的教育、收入及主观心理等方面，而且通过间接变量，间接影响其综合发展。因此，研究个体的发展问题，必须关注个体发展的多维度性和历时性的特征。为进一步明确个体发展的历时效应，接下来我们计算、分析童年家境对个体发展的直接效应和间接效应。

（二）童年家境对个体发展的效应分析

童年家境直接或间接地影响个体的教育、收入、童年心理需要、目前心理需要以及主观幸福感，接下来，本书重点分析这些直接效应和间接效应，进而探索童年家境对个体发展的影响机制。

我们用e_{ij}表示变量j对变量i的影响效应。其中，i取值为1、2、3、4，分别表示童年家境、高等教育（或者是童年心理需要）、收入贫困（或者是目前心理需要）与主观幸福感；E_i 表示童年家境对高等教育（或者是童年心理需要）、收入贫困（或者是目前心理需要）及主观幸福感的总效应。具体的计算公式如下：

$$\begin{aligned} E_2 &= e_{21} \\ E_3 &= e_{31} + E_2 e_{32} \\ E_4 &= e_{41} + E_2 e_{42} + E_3 e_{43} \end{aligned} \quad (3-5)$$

其中，每个方程右边的第一项表示童年家境对个体发展的直接效应，后面几项表示的是间接效应。

首先，我们根据式 3-5 及表 3-6 的回归结果，分析童年家境对个体教育、收入及主观幸福感的直接效应与间接效应。模型（2）表明，童年家境对高等教育的直接负效应是 76%，童年家境对收入贫困的直接正效应是 20.5%，高等教育对收入贫困的直接负效应是 30.3%，且童年家境通过高等教育对收入贫困产生的间接正效应是 23.0%［即（-76%）×（-30.3%）］，也即与家庭富裕的孩子相比，家庭贫困的孩子接受高等教育的概率会降低 76%，并且，童年家境贫困的群体，目前陷入收入贫困的概率也提升了 20.5%。当然，家境贫困的孩子也可能会克服不利的客观环境因素完成高等教育，若他们能够克服不利因素成功完成高等教育，则他们陷入收入贫困的概率将会降低 30.3%，高于童年家境对收入贫困的概率（20.5%），也即接受高等教育能够在一定程度上改变贫困的命运。但是，若没有个体额外的努力及相关的政策支持，童年家境贫困会导致较低的教育水平，且较低的教育水平会使其陷入收入贫困的概率额外上升 23.0%，最终，童年家境对其收入贫困的影响概率上升了43.5%（即20.5%×23.0%）。由此可见，高等教育在打破贫困代际传递的链条中起着关键性的作用。

另外，童年家境对主观幸福感的直接负效应是68.4%，高等教育对主观幸福感的直接正效应是36.2%，收入贫困对主观幸福感的直接负效应是33.9%，童年家境通过高等教育对主观幸福感产生的间接负效应是27.5%（即76%×36.2%），童年家境通过收入贫困对主观幸福感产生的间接负效应是14.7%〔即43.5%×（-33.9%）〕。可见，童年家境贫困的群体，即使接受了高等教育，其感觉到非常幸福或幸福的概率仅提升了36.2%，远低于童年家境对主观幸福感的直接负效应。并且，若是贫困群体，其接受高等教育的机会就越少，而较低的教育水平，会使其主观幸福感的概率额外降低27.5%，收入贫困会再次使该概率降低14.7%。可见，虽然接受高等教育有可能使童年家境贫困的群体摆脱成年后的收入贫困，但不能使其摆脱成年后的心理贫困。

其次，我们根据式3-5及表3-7的回归结果，分析童年家境对个体童年心理需要、目前心理需要及主观幸福感的直接效应与间接效应。童年家境对童年心理需要的直接正效应是82.4%，童年家境对目前心理需要的直接正效应是48.6%，童年心理需要对目前心理需要的直接正效应是70.2%，且童年家境通过童年心理需要对目前心理需要产生的间接正效应是57.8%（即82.4%×70.2%），也即与家庭富裕的孩子相比，家庭贫困孩子的童年心理需要得不到满足的概率上升82.4%，童年家境贫困的群体，其目前心理需要得不到满足的概率上升48.6%，并且，家境贫困通过影响童年心理需要，使其目前心理需要得不到满足的概率额外上升57.8%，最终，童年家境对目前心理需要的总效应是106.4%（即48.6%＋57.8%）。也就是说，若没有自身额外的努力与外界力量的支持，童年家境贫困的群体，其成年后的心理需要一定得不到满足。

另外，童年家境对主观幸福感的直接负效应是31.1%，童年心理需要对主观幸福感的直接负效应是15.4%，目前心理需要对主观幸福感的直接负效应是5.5%，童年家境通过童年心理需要对主观幸福感产生的间接负效应是12.7%［即82.4%×（－15.4%）］，童年家境通过目前心理需要对主观幸福感产生的间接负效应是5.9%［即106.4%×（－5.5%）］，最终，童年家境对主观幸福感的总效应是49.7%（即31.1%＋12.7%＋5.9%）。可见，童年家境贫困的群体，其主观不幸福的概率要比其他群体高出49.7%。

六　小结

"富二代""穷二代"等身份标签的广泛流行意味着什么呢？一方面，意味着家境对个体发展起着关键性的作用；另一方面，意味着人们对个体发展的关注点主要集中在教育、收入等物质层面，忽略了家境对个体心理的影响。最重要的是，家境对个体发展的影响是一个过程，涉及童年家境对个体的收入、教育及主观幸福感等方面，这些方面是一个连贯的过程，相互之间存在层次递进性关系，共同对个体的发展产生综合性影响。

基于这种认识，我们将主观幸福感作为度量个体发展的最终标准，运用多元递归概率模型，通过使用2008年中国综合社会调查微观数据，分别分析童年家境对个体的教育、收入、心理需要及主观幸福感的直接效应与间接效应。结果表明，①来自贫困家庭的孩子，更有可能面临过早辍学的风险、成年后再次陷入贫困的风险及主观不幸福的风险。②若没有自身额外的努力及相关的政策支持，童年家境贫困会导致较低的教育水平，较低的教育水平会再次增大其陷入贫困的可能性，而收入贫困又提高了其主观不幸福的概率，最终，童年家境贫困通过直接效应与间接效应，导致贫困在代际传承。③童年家境贫困的群体，通过接受高等教育，能成功摆脱成年后的收入贫困，却摆脱不了成年后的心理贫困（主观不幸福）。④童年家境贫困的群体，更有可能面临童年心理需要、目前心理需要得不到满足的风险，并且，童年家境通过童年心理需要、目前心理需要间接影响个体的主观幸福感。

在上述实证研究结论的基础上，得出以下启示。

（1）个体的发展是一个生存需要、心理需要均能得到满足的过程。虽然通过接受高等教育，童年家境贫困的群体能成功摆脱成年后的收入贫困，但摆脱不了成年后的心理贫困（主观不幸福）。因此，促进个体的综合发展，不仅要关注物质条件的改善，而且应关注其主观心理福祉。

（2）若无外界的干扰，家境贫困对个体发展的不利影响难以消除。若没有个体额外的努力及相关的政策支持，一方面，童年家境贫困会导致个体面临过早辍学的风险、成年后再次陷入收入贫困的风险及主观不幸福的风险；另一方面，童年家境贫困导致个体童年心理需要得不到满足、目前心理需要得不到满足，最终使其主观不幸福。由此可知，童年家境对个体发展和主观幸福感的影响是更为本质的因素，且是根深蒂固和难以克服的。因此，在改善个体的教育条件与收入状况的同时，必须关注儿童的成长环境，关注贫困家庭儿童的客观福利和主观福祉。

（3）童年家境对主观幸福感的直接效应与间接效应分析，为幸福问题的研究提供了新的视角。一方面，经济学对主观幸福感的影响因素研究，主要集中在经济增长、通货膨胀、失业及个体收入等经济层面的因素，很少有文献关注个体心理需要方面的因素；另一方面，由于数据搜集方面的困难，搜集到的文献很少分析主观幸福感的跨期影响因素。因此，本书从物质福利和心理需要视角，分析童年家境对主观幸福感的直接效应与间接效应，为幸福收入悖论问题提供了新的突破口。

第四章 宏观经济发展与幸福

本章尝试从收入分配、民生投资等宏观经济发展视角破解幸福收入悖论，具体内容安排如下：首先，描述我国居民主观幸福感的总貌和变化趋势，以此初步推断主观幸福感与经济增长之间的相关性；其次，在控制相关宏观变量、家户特征变量、个体特征变量的条件下，通过 Order Probit 模型，进一步分析增长对主观幸福感的影响效应，以评估相关的经济发展政策。

一 引言

中国经济增长取得了举世瞩目的成就，人们的收入水平也得到了前所未有的提升，然而，许多实证分析表明，民众的生活满意度、主观幸福感并未得到相应的提升（田国强、杨立岩，2006；朱建芳、杨晓兰，2009；邢占军，2011；何立新、潘春阳，2011；Easterlin，2012）。在经济不断发展、人民收入不断提高的今天，许多人找不到幸福的感觉,"你幸福吗"甚至成为民间广为调侃的一个话题。这一现象引起社会和学术界的普遍关注。

经济发展和相关政府政策的实施都是为了提高国民的幸福水平。在经济学研究中,学者们更加关注的是收入、消费等经济条件的改善。现代经济学认为收入、消费等经济条件是人们获取幸福的关键,人们的幸福水平会随着经济的长期增长而提高。自从 Easterlin(1974)发现人们的幸福水平不随其收入增加而上升的"幸福收入悖论"之后,幸福问题尤其是幸福与收入问题便成为经济学关注的焦点之一。

对于幸福偏离经济增长的事实,已有研究主要是基于个体视角,分析个体的收入、相对收入、预期收入及其他个体特征变量与其主观幸福感之间的相关性。本章基于宏观政策绩效评估视角,关注的问题主要有两个:其一,经济增长、收入分配以及政府在教育、医疗、社会保障方面的财政支出等宏观变量,对居民幸福感有着怎样的影响?这些影响是否存在差异?其二,在东部、中部、西部等经济发展程度不同的地区,居民的幸福感及其影响因素有何差异?在经济发展程度不同的城市和农村,居民的幸福感及其影响因素又有何差异?经济发展的最终目的是提升居民的幸福水平,幸福才是政府介入的明确目标。在"以人为本"发展观的时代背景下,从发展的终极目标分析这些问题具有重要的现实意义。

本章第二部分为相关文献综述;第三部分介绍相关的理论框架和研究方法,并建立 Order Probit 计量分析模型;

第四部分讨论所采用的中国综合社会调查数据特征和变量选择的缘由；第五部分讨论实证研究结果，分析宏观特征变量、微观特征变量对个体主观幸福感的影响及差异；第六部分是本章的结论与启示。

二 文献评论

我国经济的快速增长是否给居民带来了更多的幸福？国内学者对该问题的研究较多，然而，结论并不统一。零点公司对我国居民生活满意度进行的追踪调查表明，2000年我国居民生活满意度的平均得分是 3.25，而 2009 年的平均得分是 3.54，城乡居民的生活满意度基本上呈上升趋势（袁岳、张慧，2010）。刘军强等（2012）使用中国综合社会调查数据，分析近 10 年国民幸福感的变化趋势，发现中国国民幸福感在近 10 年一直处于上升趋势，且个人收入变量与幸福感呈显著正相关。罗楚亮（2009）使用中国城乡住户调查数据，经验性地讨论了我国居民幸福感与收入的相关性，研究表明，收入是提升居民幸福感的重要因素，即便控制了相对收入，绝对收入与幸福感仍然呈显著正相关。

然而，朱建芳、杨晓兰（2009）根据世界价值观调查数据发现，我国居民幸福感的平均值从 1999 年的 2.95 下降到 2001 年的 2.87。邢占军（2011）根据山东省 2002～2008 年的相关数据发现，居民幸福感并未随人均 GDP 和居民收入的增加而上升。Brockmann 等（2009）根据世界价值观调查数据发现，1990～2000 年，中国居民自我报告

"非常幸福"的比例从28%下降到12%,中国居民的平均生活满意度由7.3下降到6.5,并且,根据性别、年龄及城乡等进行分组,各组居民的平均幸福水平及生活满意度均下降。

那么,我国是否存在"幸福收入悖论"的现象？若存在,是什么因素侵蚀了经济发展的这种正幸福效应？很多学者认为,在我国经济快速增长的同时,不同群体之间的收入差距也在逐渐扩大,在很大程度上是收入不平等侵蚀了经济增长对居民主观幸福感的正效应。何立新、潘春阳(2011)从收入差距和机会不均等两个视角解释我国的幸福收入悖论。他们认为,机会不均等对居民幸福感存在显著的负效应,且对低收入者与农村居民幸福感的负效应更强,收入差距显著降低了低收入阶层及农村居民的幸福感。王鹏(2011)根据2006年中国综合社会调查数据研究表明,收入差距显著影响居民主观幸福感,且收入差距对居民主观幸福感的效应呈倒"U"形,在基尼系数小于0.4的情况下,收入差距对居民主观幸福感产生正效应,而在基尼系数大于0.4的情况下,收入差距将会给居民带来显著的负效应。鲁元平、王韬(2011)根据世界价值观调查数据研究表明,中国居民收入不平等对其主观幸福感产生了显著的负效应,且对低收入者及农村居民主观幸福感的负效应更大。

还有一些学者尝试从政府支出视角破解幸福收入悖论。Di Tella等(2003)研究欧盟11个国家的政府失业保障支出对居民主观幸福感的影响,研究结果发现,二者存在显著的正相关性。Bjornskov等(2007)分析了芬兰政府的医疗保健支出对其居民主观幸福感的影响，研究结果发现，医疗保健支出显著提升了居民的主观幸福水平。Ram（2009）通过分析145个国家的大样本数据，在控制GDP、国家特征等变量后，研究发现政府支出显著影响居民的主观幸福感。黄有光（2003）指出，政府对公共产品和公共服务的支出能显著提升居民的主观幸福感。鲁元平、张克中（2010）实证分析表明，政府对教育、医疗和社会保障等亲贫式支出，能显著提升居民的主观幸福感，且是解决幸福收入悖论问题的关键。2011年《小康》杂志社与清华大学媒介调查研究室联合展开的"2011年中国人幸福感调查"表明，经济发展水平是影响公众城市幸福感的最大因素，而社会保障体系不完善是影响公众幸福感的最重要的社会因素，而各地区经济发展不平衡对居民主观幸福感的影响仅次于社会保障因素（张旭，2011）。

由上述研究可知，收入差距及公共支出可能是导致幸福收入悖论问题产生的关键宏观因素。为正确判断经济增长对居民主观幸福感的影响，我们在这里控制了基尼系数以及政府在教育、医疗和社会保障方面的财政支出等宏观变量。

另外，经过几十年的研究，经济学已经总结出相对成熟的模型去解释主观幸福感，且相关研究都指向了十几个具有显著性水平的解释变量，个体的收入、相对收入、健康、教育及人口统计特征等变量是解释主观幸福感的重要变量（Veenhoven，1991，1996；Frijters et al.，2004；Blanchflower and Oswald，2004）。因此，我们在控制经济增长、基尼系数等宏观变量的同时，还控制了上述影响居民主观幸福感的个体特征变量。

经济增长是否意味着更多的幸福？为回答这个问题，本书不仅考虑经济增长与居民主观幸福感的相关性，而且重点考察了收入分配以及政府在教育、医疗、社会保健方面的财政支出等那些既与经济增长密切相关，又与居民主观幸福感相关联的宏观变量对居民主观幸福感的影响差异。一方面，本章纵向比较分析居民主观幸福感的差异及其影响因素；另一方面，本章横向比较分析经济发展程度不同地区居民主观幸福感的差异及其影响因素，以更加全面地分析经济增长对居民主观幸福感的效应。

本章使用2005年、2006年及2008年三年的中国综合社会调查数据，运用Order Probit模型，在控制个体的收入、教育、健康等个体特征变量的同时，重点分析经济增长、基尼系数，以及政府在教育、医疗、社会保障方面的财政支出对居民主观幸福感的影响。研究这些宏观变量对主观幸福感的效应，一方面，能够为探讨幸福收入悖论问题寻求一个新的突破口；另一方面，对相关宏观经济发展政策的制定也具有指导意义。鉴于此，本章基于宏观经济发展视角，首先分析经济增长对居民幸福感的影响效应，以及国家福利政策的实施对居民主观幸福感的效应；其次对比分析经济发展程度不同的东部、中部、西部地区居民主观幸福感的差异及其影响因素，以及城乡不同地区居民主观幸福感的差异及其影响因素。本章的研究意义在于以下几个方面。

其一，金钱能否买到更多的幸福？这个在学术界争论了长达40年之久的"幸福收入悖论"问题，表明人们的主观心理福祉与其物质生活的改善不同步，甚至缺少关联。本章分析经济增长对居民主观幸福感的影响效应，以及国家福利政策的实施对居民主观幸福感的效应，可以说是对中国是否存在幸福收入悖论现象的一种检验。

其二，随着经济增长水平的快速提升，国家加大了在教育、医疗及社会保障等民生方面的投资（王绍光，2008），这些宏观的民生投资是否给居民带来了幸福？以居民的主观幸福感作为"晴雨表"，分析国家福利政策的实施对居民主观幸福感的效应，这种从个体切身感受视角评估宏观福利政策的方式，更有利于推进经济、社会与人的全面协调发展。

三　理论框架和研究方法

在新古典主义经济学分析框架中，幸福被假定为效用，经济增长与收入水平提升是居民获取幸福的主要源泉，并且，减少贫困、发展经济、提高社会福利水平，都源于经济的长期增长。幸福偏离经济增长的事实，对新古典主义经济学的效用理论构成了挑战。一些学者尝试从不同的理论视角解释"幸福收入悖论"。本部分通过一组简单的公式讨论有关幸福问题经济学研究的主要内容，探讨幸福视角下研究发展问题的理论依据，同时也为经济学研究幸福问题构建了一个基本的理论框架。

（一）基本模型

主观幸福感是人们评价自身生活质量而产生的主观感受（Veenhoven，1984），既取决于周围的环境，又与我们的内在心理密切相关。人们的主观幸福感究竟由哪些因素决定？各类因素对主观幸福感会产生什么样的效应？这也是经济学研究主观幸福感的主要论题之一。在这里，效用是指个体的主观幸福感，本书在新古典主义经济学效用函数的基础上，参考 Clark 等（2008）的幸福函数，在考虑个体的攀比心理、适应性心理的情况下，设定的基本模型如下：

$$U_t = U[u_1(Y_t), u_2(Y_t | Y_t^*), u_3(T - l_t, Z_{1t})] \quad (4-1)$$

其中，$U(.)$ 是主观幸福感，Y_t 是收入 y_t 从 $t=0$ 到 t 的向量，u_1 可看作主流经济学经典的效用函数，其大小主要取决于收入或消费的高低。假如储蓄率为 0，那么，收入就等于消费 c_t，所以，$u_1(Y_t) = u_1(y_t) = u_1(c_t)$。$u_3(T - l_t, Z_{1t})$ 相当于是闲暇 $T - l_t$ 带来的效用（l_t 是劳动时间），Z_{1t} 是其他的社会经济变量和人口统计特征变量。可见，模型 4-1 中的 u_1、u_3 是主流经济学中效用函数的核心组成部分，而 u_2 表示的是个体的社会地位和适应性对其主观幸福感的效应，是幸福函数区别于经典效用函数的关键。

Y_t^* 常被称为参照收入，$\dfrac{Y_t}{Y_t^*}$ 被称为相对收入或比较收入。$u_2(Y_t | Y_t^*)$ 是从社会经济地位中获得的主观幸福。

$u_2(Y_t|Y_t^*)$ 常被假定随着 Y_t 的增加而上升，但增加的幅度是递减的；随着 Y_t^* 的增加而下降，但下降的幅度是递增的。值得注意的是，个体的收入与参照群体的收入以相同的比例增加或减少，个体的社会地位收益保持不变，也即，$u_2(\gamma Y_t|\gamma Y_t^*) = u_2(Y_t|Y_t^*)$。

在实际应用中，收入常以对数形式出现，也即：

$$U_t = \alpha_1 \ln(y_t) + \alpha_2 \ln(\frac{y_t}{y_t^*}) + Z_t'\varphi \qquad (4-2)$$

其中，y_t 是个体的实际收入或家户收入；y_t^* 可以是参照群体的收入，如家庭成员、同事、邻居等的收入，也可以是个体自身不同时期的收入，如其过去的收入、预期收入等；Z 包括人口统计特征变量及劳动时间等。

（二）攀比理论

人是一种社会性的动物，个人的主观幸福感往往是以其所在的社群为参照系并通过社会比较过程产生的。强调相对收入对主观幸福感起决定性作用的主要代表人物是 Easterlin，他在一系列文章中强调相对收入对幸福感的重要性，幸福感随着自身收入水平的提高而正向变化，但随着他人收入水平的提高而反向变化，且后者的效应更大，最终导致"幸福收入悖论"现象（Easterlin，1995，2001，2003，2012）。为了更详尽地分析人们的攀比心理，本书在模型 4-1、模型 4-2 的基础上，考虑了跨国比较下的幸福函数。在跨国分析中，值得注意的是，首先，跨国比较中，收入只在国与国之间存在系统性差异，因此，u_3可以省略或者看成常数项；其次，参照收入指的是一国居民的平均收入水平。具体的模型如下：

$$U_i = \alpha_1 \frac{y_i}{y_i + A} + \alpha_2 \ln(\frac{y_i}{\bar{y}_i}) \qquad (4-3)$$

其中，$\bar{y}_i$是个体所在国家的人均收入水平，A是一个正的常数。

首先，我们从微观层次上分析个体的收入水平对其主观幸福感的影响。在模型4-2中，当个体收入对数提升x单位时，参照群体收入对数相应地提升x单位，由于攀比心理，$\alpha_2 \ln(\frac{y_t}{y_t^*})$保持不变，而$\alpha_1 \ln(y_t)$将会使幸福增加$x\alpha_1$；若参照群体收入对数提升的幅度远大于$x$单位，则$\alpha_2 \ln(\frac{y_t}{y_t^*})$将会给个体带来负向的幸福效应，这样，收入的提升就有可能会降低个体的主观幸福感。假如个体的收入与参照群体的收入以相同的比例增加或减少，那么个体的社会地位带来的幸福感保持不变；假如个体的收入水平Y_i增加了5倍，参照群体的收入水平增加了10倍，那么个体的相对地位$\frac{Y_i}{Y_i^*}$会下降，而居民社会地位的下降会带来显著的负向幸福感，甚至大于居民因收入水平增加而带来的正向幸福效应，此时，居民总的幸福感可能会下降。可见，收入差距的扩大很可能会导致居民主观幸福感的下降。

其次，我们从宏观层次上分析国家富裕对居民主观幸福感的影响。在模型 4-3 中,当国民收入水平普遍提升时,由于攀比心理,$\alpha_2 \ln(\frac{y_i}{y_i})$ 保持不变,而收入增加对居民幸福感的影响主要来源于 $\alpha_1 \frac{y_i}{y_i + A}$,即国民收入水平对个体主观幸福感的正效应是 $\frac{\alpha_1 A}{(y_i + A)^2}$。也就是说,随着收入水平的提升,幸福增量逐渐趋向于 0,长期而言,随着国民收入水平的提升,国民的主观幸福感基本保持不变。这正是包括美国、德国、英国、法国和日本在内的发达国家居民的主观幸福感没有随着经济增长而提升的关键。当然,若个体的收入水平低于国民的平均收入水平,即处于相对贫困状态,由于攀比心理,$\alpha_2 \ln(\frac{y_i}{y_i})$ 将会带来负的幸福效应,长期而言,随着国民收入水平的提升,收入地位较低的群体,其主观幸福感将会下降。

(三) 适应性理论

人们对重复或者连续刺激性的感受程度逐渐降低,进而会削弱收入增加对幸福的积极效应。在一般情况下,人们具有对高收入自动适应的心理习惯,这使得经济条件的改善不能大幅度提升幸福感,就像人在踏车上跑步一样,每一次形式上的前进其实都只是在原地踏步,即产生"踏车效应"(Brickman and Campbell,1971)。人们的适应能力会降低持续或重复的感觉刺激所带来的享受效果,使得收入等客观因素对主观幸福感的影响受到极大的限制。基于此，本书在模型4-1、模型4-2的基础上，从人们的适应性心理视角破解幸福收入悖论。

在模型4-2的基础上，我们假定，y_t^*与过去的收入相关，并且，个体将目前（t时刻）的收入与过去三年的收入进行比较，具体模型如下：

$$\begin{aligned}
U_{it} &= \alpha_1 \ln(y_{it}) + \alpha_2 \ln\left(\frac{y_{it}}{y_t^*}\right) + Z_{it}'\varphi \\
y_t^* &= (y_{it-1})^\beta (y_{it-2})^\delta (y_{it-3})^{1-\beta-\delta} \\
U_{it} &= \alpha_1 \ln(y_{it}) + \alpha_2 [\ln(y_{it}) - \beta \ln(y_{it-1}) - \\
&\quad \delta \ln(y_{it-2}) - (1-\beta-\delta)\ln(y_{it-3})] + Z_{it}'\varphi
\end{aligned} \quad (4-4)$$

由模型4-4可知，短期而言，收入对数对个体主观幸福感的正效应是$\alpha_1 + \alpha_2$；长期而言，收入增加带来的幸福增量是α_1。在此，为了进一步分析个体的适应性心理，我们假定$\alpha_1 = 0$，以剔除收入增加带来的比较收益，并且假定$\beta = \delta = \frac{1}{3}$。图4-1描述了适应性心理削弱收入增加对幸福的积极效应的过程。在图4-1中，当收入在第2期期末增加时，主观幸福感在第2期期末发生跳跃，幸福增量达到最大（假如是H_0）。然而，随着时间的流逝，人们将逐渐降低适应新的收入水平，幸福水平也因这种适应性心理而逐渐降低，直到第5期，个体在第2期因收入而带来的幸福增量全部消失，其幸福水平又回到原始的状态。

客观条件的改善能在短期内提升幸福感，然而，由于存在攀比心理及适应性心理，"攀比目标"、期望随客观条件的变化而变化，有利的外界条件对主观幸福感的正效应

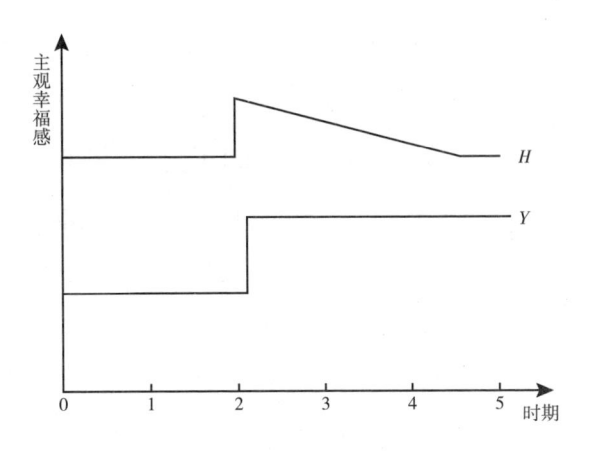

图 4-1 收入冲击对主观幸福感的影响

是短暂的，而主观心理的不满足却长久地降低了幸福感，若主观心理对幸福感的负效应更为强烈，就可能出现"居民的收入及社会福利与主观幸福感之间此消彼长"的现象。

攀比理论、适应性理论表明，在人们整体收入水平提升的同时，人们更加关注社会财富的公平分配问题。尤其是在人们的收入水平满足基本需要之后，由于攀比心理及适应性心理，绝对收入增加带来的额外幸福感逐渐降低，最终降为 0 甚至出现负值，此时，人们更加关注收入之外的收入分配、教育、医疗保健等社会机会的公平性以及心理需要的满足等"高层次"的追求。基于此，本章尝试用中国综合社会调查微观数据，分析经济增长、收入分配以及公共支出等社会福利对个体主观幸福感的效应。

（四）实证模型——Order Probit 模型

主观幸福感的测量一般是通过问卷调查的方式，根据受访者自我报告的幸福程度进行基数赋值。被解释变量主观幸福感是从 1 到 5 的序数变量，相邻选项之间存在不可比性，因此，本书采用 Order Probit 模型分析我国城乡居民的幸福感。根据 Order Probit 模型的基本处理方法（Mckelvey and Zavoina，1975），我们假定，被解释变量（真实主观幸福感，Happiness*）是一个潜在的连续变量，只是由于观测的不完全性，才以离散的形式报告出来；并且，报告的被解释变量（主观幸福感）由潜在的被解释变量（真实的主观幸福感）决定，二者之间满足如下关系：若 $c_{i-1} < Happiness^* < c_i$，则 $Happiness = i(i = 1,2,3,4,5)$。

其中，i 是报告的主观幸福感（离散的序数值），C_i 是真实而潜在的幸福感阈值。例如，如果报告的幸福感 i 为 2，那么，它所对应的真实而潜在的幸福感是介于阈值 C_1 与阈值 C_2 之间的所有真实而潜在的幸福感（连续变量）。为了分析的简便，我们还假定，$C_0 = -\infty$，$C_5 = +\infty$。计量分析软件 Stata 会报告其他阈值的估计值。

根据经济学、社会学与心理学关于幸福的研究成果，人们的真实（潜在）幸福感由收入、家户特征、个人特征等因素决定，本书结合已有的研究，设定的回归模型如下：

$$Happiness^* = \beta_1 X_1 + \beta_2 X_2 + \beta_3 X_3 + \beta_4 X_4 + u \quad (4-5)$$

其中，X_1 是时间变量；X_2 是刻画宏观经济发展的宏观变量，主要包括人均 GDP、基尼系数以及政府在教育、医疗和社会保障方面的人均支出等，这些宏观变量主要是根据微观样本所在的省份及年份，用该省份的人均 GDP、基尼系数以及政府在教育、医疗和社会保障方面的人均支出来表示；X_3是家户特征变量，主要包括家庭总收入、家庭在当地的社会经济地位及家户所在地等；X_4代表个体特征变量，包括个体的教育水平、健康状况、年龄、性别、婚姻状况、政治面貌及民族特征等。假定 u 符合标准正态分布，采用极大似然法（MLE）估计 Order Probit 模型参数。

四 数据及变量统计

（一）数据来源

大规模的微观调查数据库为经济学实证分析幸福问题提供了数据支撑，如美国密歇根大学教授 Ronald Inglehart 主持的世界价值观调查（World Value Survey，WVS）、美国芝加哥大学负责实施的综合社会调查（General Social Survey，GSS）、德国社会经济面板数据库（German Socio-economic Panel，GSOEP）以及由中国人民大学社会学系与香港科技大学社会科学部合作主持的中国综合社会调查（CGSS）等。我国在幸福调查方面的数据主要来源于世界价值观调查与中国综合社会调查。

为保证更多的样本观测量，本章使用的是中国综合社会调查数据，该调查在 2003~2010 年先后对大陆不同地区、不同群体展开了 5 次大规模的抽样调查。其中，2003年的抽样调查样本主要来源于城镇，农村样本只占 7%，显然，该样本的地区分布状况不能代表全国，而遗憾的是，

2010年的抽样调查数据尚未公开，因此，本书使用的是中国综合社会调查2005年、2006年、2008年的三次微观入户调查数据。2005年、2006年、2008年的样本量分别是10372个、10151个、6000个，总样本量是26523个，删除核心变量的缺失值后，形成有效样本量24424个。本章通过2005年、2006年、2008年《中国人口统计年鉴》的人口资料，根据其样本来源省份均值，获取相应的经济增长（人均GDP）、收入分配（基尼系数），以及政府在教育、医疗、社会保障方面的财政支出等宏观数据。

（二）变量选择及描述

本书的被解释变量是主观幸福感，是主体对自身生活质量的一种心理体验。在2005年、2006年的CGSS中，相应的幸福问题是："总体而言，您对自己所过的生活的感觉是怎么样的呢？"要求受访者根据自身的情况，从"非常不幸福"到"非常幸福"在1~5的范围内进行打分。2008年CGSS问卷设计的问题是："整体来说，您觉得快不快乐？"要求受访者根据自己的快乐程度，从"很不快乐"到"非常快乐"在1到5的范围内进行打分。在经济学看来，主观幸福是人们对自我生活质量进行积极的认知评价和情感评价（Veenhoven，1984），与心理学细致区分"生活满意度""快乐""主观幸福感"等概念不同的是，在经济学研究中，这些概念往往是交替使用的（Easterlin，2003；Layard，2005）。

本章主要从宏观变量、家庭特征变量及个体特征变量三个方面解释我国居民的主观幸福感。其中，宏观变量主要有人均GDP、基尼系数以及政府在教育、医疗、社会保障方面的财政支出等。家庭特征变量主要包括家庭总收入、家庭在当地的社会经济地位及家庭所在地等。个体特征变量主要包括个体的教育水平、健康状况、婚姻状况以及个体的年龄、性别等人口统计特征变量。书中所有变量及其含义见表4-1。

表4-1 变量及其含义

总体分类	变量名	变量解释
因变量	主观幸福感	赋值：非常不幸福为1……非常幸福为5
年度变量	2005年	2005年的调查样本赋值为1，其他为0
	2006年	2006年的调查样本赋值为1，其他为0
	2008年	2008年的调查样本赋值为1，其他为0
宏观变量	人均GDP	样本所在省份的人均GDP，在计量分析中取对数值
	基尼系数	样本所在省份的基尼系数
	教育支出	样本所在省份的人均教育财政支出，在计量分析中取对数值
	医疗支出	样本所在省份的人均医疗财政支出，在计量分析中取对数值
	社会保障支出	样本所在省份的人均社会保障支出，在计量分析中取对数值
家户特征变量	绝对收入	家庭上一年的总收入，在计量分析中取对数值
	相对收入	家庭在当地的社会经济地位
	户籍	城镇户籍为1，其他为0
	性别	女性为1，男性为0
	年龄	岁
	年龄平方	岁

续表

总体分类	变量名	变量解释
个体特征变量	民族	汉族为1,其他为0
	政治面貌	中共党员为1,否则为0
	婚姻状况	已婚有配偶为1,否则为0
	教育水平	没有受过教育为1,自修为2,小学一年级为3……高中三年级及以上为14
	全职就业	全职就业为1,否则为0
	健康状况	对健康非常不满意为1……非常满意为5

为何我国人均GDP的快速增长没有带来居民幸福水平的快速提升？在很大程度上，是因为人们没有公平地共享经济发展成果。根据世界银行2003年的统计，在所有的国家中，中国的基尼系数上升最快。中国的基尼系数已经由20世纪80年代初期的0.20左右上升到2006年的0.496。因此，本章选择人均GDP、基尼系数作为度量经济发展的重要指标，根据其与个体主观幸福感的相关性，判断经济增长、公平分配对人类社会发展的贡献及差异。

经济增长主要是指一个国家的产出在一定时期内持续增加的现象，而经济发展涉及的内容更为广泛，不仅指单纯的经济增长，而且强调人们的生活质量、生态环境及经济结构等。人均GDP是度量经济发展的核心指标，这一点是毋庸置疑的，然而，人均GDP并非经济发展的目的。"经济发展"是一个多维度的概念，而在众多的经济发展维度中，教育、医疗及社会保障对人们生活质量的重要性是不证自明的。UNDP（1990）明确提出了包含教育、健康及收入三个维度的人类发展指数。人类发展指数自提出以来，在国际范围内得到了广泛的应用，是度量国家发展、社会进步的重要指标。教育、健康及社会保障等社会福利关系到居民的切身利益，必是影响其主观幸福感的重要因素。考虑到政府对教育、医疗及社会保障方面的财政支出既取决于经济增长水平，又是影响居民教育、医疗及社会保障福利的关键，因此，本章选择政府在教育、医疗及社会保障方面的财政支出等作为度量经济发展的指标，以判断政府民生福利政策的实施对人类发展的影响及差异。

人均GDP、基尼系数以及政府在教育、医疗、社会保障方面的财政支出等宏观变量数据，主要是通过2005年、2006年、2008年《中国人口统计年鉴》的人口资料，根据其样本来源省份的均值，获取相应的宏观数据。由表4-2可知，在2005年、2006年、2008年的CGSS调查样本中，人均GDP的均值是20429.6元，人均GDP最高达到74048元，而最低的只有5052元，可见我国不同地区收入差距较大。基尼系数均值高达0.396，且最高省份的基尼系数达到0.48，远远超过贫富差距的警戒线（0.4）。政府对教育的财政支出最高，社会保障支出次之，而医疗支出最低，但总体上看，政府在这三方面的财政支出都比较低。

表4-2 变量的描述性统计特征

总体分类	变量名	均值	标准差	最小值	最大值	样本量（个）
因变量	主观幸福感	3.493	0.824	1	5	24424
年度变量	2005年	0.425	0.494	0	1	24424
	2006年	0.330	0.470	0	1	24424
	2008年	0.245	0.430	0	1	24424

续表

总体分类	变量名	均值	标准差	最小值	最大值	样本量（个）
宏观变量	人均GDP(元)	20429.6	12047.16	5052	74048	24423
	基尼系数	0.396	0.039	0.28	0.48	24423
	教育支出(元)	450.18	262.94	171	1866	24423
	医疗支出(元)	135.19	102.84	39	856	24423
	社会保障支出(元)	256.85	247.74	29	1773	24423
家户特征变量	绝对收入(元)	18287.99	5.1	99.48	100000043.49	23736
	相对收入	2.262	0.905	1	5	24424
个体特征变量	户籍	0.605	0.489	0	1	24424
	性别	0.524	0.499	0	1	24424
	年龄(岁)	43.80	14.04	18	98	24424
	年龄平方(岁)	2115.8	1302.9	324	9604	24424
	民族	0.935	0.245	0	1	24424
	政治面貌	0.105	0.306	0	1	24424
	婚姻状况	0.828	0.377	0	1	24424
	教育水平	7.134	4.669	1	23	24421
	全职就业	0.481	0.499	0	1	24424
	健康状况	2.375	1.225	1	5	24424

书中所涉及的个体特征变量数据主要来源于2005~2006年的CGSS微观数据。其中，考虑到受访者可能是学生或者是全职家庭主妇，这类样本没有收入来源，因此，本书用家庭总收入度量个体的收入状况，用家庭在当地的社会经济地位度量个体的相对收入。在计量分析中，我们采用绝对收入即上一年家庭总收入的对数值。相对收入是

指家庭经济状况在当地所处的水平。CGSS对相对收入所设计的问题是："在您看来，您本人的社会经济地位属于上层、中上层、中层、中下层还是下层？"要求受访者在5个阶层间进行选择，其中，"下层"赋值为1，"上层"赋值为5。本章的解释变量还包括个体的教育水平、健康状况及年龄、性别等人口统计特征变量。已有研究表明，健康变量是影响居民主观幸福感的有效变量。由于CGSS缺乏相关的健康状况调查数据，为保证模型分析结果的稳健性和可靠性，本书用健康满意度表示个体的健康状况。

（三）核心变量的总貌及变化趋势

由表4-3可知，从幸福的分值来看，总体上，中国居民还是幸福的，受访者的平均幸福水平由2005年的3.41上升到2008年的3.71，实现了小幅度的上涨。无论是东部、中部、西部地区，还是城市和农村，其居民平均幸福水平均呈现上升的趋势。相应的，受访者的平均收入翻了一番，绝对收入由2005年的12173.29元上升到2008年的26672.81元，且不同地区的群体，其平均收入均实现了较大幅度的上涨。但是，居民主观幸福感小幅度上升的原因是否源于中国经济的快速增长？确定二者之间的相关性，需要进一步进行经验性分析。

值得注意的是，居民的绝对收入由2005年的12173.29元上升到2006年的22561.49元，实现了大幅度的上升，且东部地区和城市受访者的绝对收入上升幅度更大。然而，

表 4-3　不同群体基本统计量比较

地区	2005年 绝对收入(元)	2005年 相对收入	2005年 主观幸福感	2006年 绝对收入(元)	2006年 相对收入	2006年 主观幸福感	2008年 绝对收入(元)	2008年 相对收入	2008年 主观幸福感
东部	16074.67	2.34	3.46	42659.28	2.08	3.50	46027.76	2.61	3.78
中部	9595.02	2.28	3.37	17188.57	1.87	3.40	17000.53	2.46	3.69
西部	8830.79	2.36	3.35	11719.39	2.02	3.38	18069.84	2.40	3.60
城市	18324.61	2.25	3.44	40336.02	2.05	3.46	39815.04	2.58	3.78
农村	6849.97	2.44	3.36	10066.82	1.90	3.41	12112.58	2.38	3.59
全部	12173.29	2.33	3.41	22561.49	1.98	3.44	26672.81	2.52	3.71

注：绝对收入是扣除通货膨胀因素后的收入；相对收入、主观幸福感的取值均为1~5，1表示最低值，5表示最高值；表中数据均为相关变量的均值。

受访者自我报告的相对收入从2005年的2.33下降到2006年的1.98。从相对收入的均值来看，总体上，居民的相对收入较低，处于一般水平之下。由幸福攀比理论可知，由于居民的可比性心理，当居民收入上升的幅度小于参照群体收入上升的幅度时，居民的幸福感可能会出现下降的趋势。随着居民收入的大幅度上涨，居民的幸福感并未实现大幅度地提升，这是否源于居民较低的相对收入？证明二者之间的因果关系，需要进一步进行经验性分析。

表4-3还表明我国居民收入差距扩大的趋势。虽然不同地区居民的收入水平均有所提升，但东部与中部、西部地区居民的收入差距，以及城乡居民的收入差距均扩大了。2005年，东部与中部地区居民的收入差距是6479.65元，东部与西部地区居民的收入差距是7243.88元；2006年，东部与中部、西部地区居民的收入差距分别是25470.71

元、30939.89 元，相应的收入差距分别是 2005 年的 3.93 倍、4.27 倍；2008 年，东部与中部、西部地区居民的收入差距分别是 29027.23 元、27957.92 元，相应的收入差距分别是 2005 年的 4.48 倍、3.86 倍。2005 年，城乡居民收入差距是 11474.64 元；2006 年，城乡居民收入差距是 30269.20 元，是 2005 年的 2.64 倍；2008 年，城乡居民收入差距是 27702.46 元，是 2005 年的 2.41 倍。

考虑到不同地区收入差距较大，为了进一步确定经济增长与居民主观幸福感之间的因果关系，本章考察了经济发展程度不同的东部、中部和西部地区，以及城市和农村地区，对比分析这些地区居民主观幸福感的分布状况。具体的幸福分布状况见表 4-4。

表 4-4 不同群体的主观幸福感比较

项目		非常不幸福(%)	不幸福(%)	一般幸福(%)	比较幸福(%)	非常幸福(%)	样本量(个)
地区	东部	1.16	6.53	38.58	43.61	10.12	10939
	中部	1.61	8.30	42.33	37.66	10.10	8587
	西部	1.78	9.19	41.22	41.08	6.73	4898
	城市	1.29	6.64	39.62	41.92	10.53	14765
	农村	1.68	9.28	41.68	39.61	7.75	9659
收入等级	最低	3.65	15.82	51.97	24.91	3.65	5994
	较低	0.90	7.60	46.26	38.42	6.82	7550
	一般	0.49	3.37	31.39	51.10	13.65	9515
	较高	1.23	2.37	19.89	56.71	19.80	1222
	最高	2.10	3.50	26.57	46.85	20.98	143
全部		1.44	7.69	40.43	41.01	9.43	24424

由表4-4可知，从幸福的分布来看，总体而言，我国居民还是比较幸福的，50.44%的群体自我报告比较幸福与非常幸福，但非常幸福的比例仅占9.43%。而自我报告不幸福、非常不幸福的群体仅占9.13%，自我报告非常不幸福的群体仅占1.44%。经济发展程度越高，居民越倾向于自我报告比较幸福、非常幸福。在东部地区，53.73%的群体自我报告比较幸福、非常幸福，而中部地区这一比例是47.76%，西部地区是47.81%。52.45%的城市居民自我报告比较幸福、非常幸福，而农村的这一比例是47.36%。在东部地区，自我报告非常不幸福、不幸福的群体所占的比例是7.69%，中部地区的这一比例是9.91%，西部地区是10.97%。7.93%的城市居民自我报告非常不幸福、不幸福，而农村的这一比例是10.96%。也就是说，在经济比较发达的东部地区，居民的主观幸福感高于中部和西部地区。同样，在经济条件及各项社会福利设施都优于农村的城市，居民的主观幸福感也较高。这里的对比分析数据，再一次证明了居民主观幸福感与经济条件存在关联性的可能性。

另外，我们对比、分析不同收入等级居民的主观幸福感，以初步判断相对收入与居民主观幸福感之间的相关性。由表4-4可知，相对收入是影响居民幸福的重要因素，相对收入低的个体报告其比较幸福、非常幸福的比例明显低于其他群体，而报告其不幸福、非常不幸福的比例明显高于其他群体。然而，个体的主观幸福感又非完全与相对收入正相关，收入等级较高的群体自我报告比较幸福、非常幸福的比例是76.51%，收入等级最高的群体自我报告比较幸福、非常幸福的比例是 67.83%，这两个群体自我报告非常不幸福、不幸福的比例分别是 3.60%、5.60%。也就是说，相对收入较高群体的主观幸福感高于相对收入最高的群体。可见，收入是影响主观幸福感的重要因素，但绝不是唯一因素。

五 实证模型回归结果分析

（一）经济增长与主观幸福感

上述核心变量描述性分析初步显示了中国居民主观幸福感均值逐年小幅度增长的现象，并且，收入与居民主观幸福感密切相关。那么，这些是不是错觉？在此，我们通过多元回归分析进一步证明居民主观幸福感与经济增长等核心变量的相关性。我们分别用 2005 年、2006 年、2008 年的 CGSS 数据，通过 Order Probit 模型、OLS 回归模型，将居民主观幸福感对宏观变量、家庭特征变量及个体特征变量等进行回归，并纵向比较这三年的居民主观幸福感差异及其影响因素，回归结果见表 4-5、表 4-6。

表 4-5　Order Probit 模型全样本回归结果

总体分类	被解释变量:主观幸福感			
	变量名	参数估计	标准误	z 统计量	P 值
年度变量	2005 年(参照组)				
	2006 年	-0.635	0.0408	-15.56	0.000
	2008 年	0.506	0.0404	12.354	0.000

续表

总体分类	被解释变量:主观幸福感			
	变量名	参数估计	标准误	z统计量	P值
宏观变量	人均GDP	0.166	0.0383	4.33	0.000
	基尼系数	-0.266	0.364	-0.73	0.019
	教育支出	0.0197	0.0838	0.24	0.814
	医疗支出	0.176	0.0599	2.94	0.003
	社会保障支出	0.0616	0.0163	3.77	0.000
家户特征变量	绝对收入	0.0376	0.00548	6.86	0.000
	相对收入	0.331	0.00929	35.59	0.000
个体特征变量	户籍	-0.0233	0.0174	-1.34	0.182
	性别	0.0938	0.0148	6.34	0.000
	年龄	-0.0519	0.00356	-14.57	0.000
	年龄平方	0.000585	3.81e-05	15.33	0.000
	民族	0.0696	0.0309	2.25	0.024
	政治面貌	0.140	0.0245	5.73	0.000
	婚姻状况	0.400	0.0227	17.67	0.000
	教育水平	0.0229	0.00237	9.70	0.000
	全职就业	0.0733	0.0171	4.28	0.000
	健康状况	0.387	0.0137	28.37	0.000
阈值	C1	-0.387	0.378		
	C2	0.546	0.377		
	C3	2.030	0.378		
	C4	3.530	0.378		
	Pseudo R^2	0.0852			
	Wald Chi^2(19)	4212.78			
	Prob > Chi^2	0.0000			
	样本量	23724			

表 4-6　OLS 模型全样本回归结果

总体分类	变量名	参数估计	标准误	z 统计量	P 值
年度变量	2005 年(参照组)				
	2006 年	-0.431	0.0280	-15.38	0.000
	2008 年	0.330	0.0276	11.96	0.000
宏观变量	人均 GDP	0.113	0.0262	4.30	0.000
	基尼系数	-0.323	0.249	-1.30	0.020
	教育支出	0.0179	0.0578	0.31	0.756
	医疗支出	0.141	0.0408	3.45	0.001
	社会保障支出	0.0417	0.0112	3.74	0.000
家户特征变量	绝对收入	0.0261	0.00374	6.96	0.000
	相对收入	0.228	0.00620	36.77	0.000
个体特征变量	户籍	-0.0149	0.0119	-1.25	0.211
	性别	0.0631	0.0101	6.23	0.000
	年龄	-0.0356	0.00242	-14.69	0.000
	年龄平方	0.0004	2.59e-05	15.46	0.000
	民族	0.0516	0.0215	2.40	0.017
	政治面貌	0.0934	0.0164	5.69	0.000
	婚姻状况	0.282	0.0157	17.90	0.000
	教育水平	0.0156	0.00162	9.61	0.000
	全职就业	0.0503	0.0117	4.30	0.000
	健康状况	0.265	0.00923	28.73	0.000
	常数项	2.081	0.258	8.06	0.000
	R^2	0.1858			
	F(19,23704)	275.09			
	Prob > F	0.0000			
	样本量	23724			

首先,在 Order Probit 模型、OLS 回归模型中,年度变量、宏观变量、家户特征变量及个体特征变量等对主观幸

福感的影响系数及显著性均是一致的；其次，年龄、年龄平方、性别、政治面貌、健康状况、婚姻状况等个体特征变量对居民幸福感的影响，均与已有研究的结论一致，且在统计上是显著的。这些从一个侧面说明本书模型设置的可靠性与回归分析的稳健性。

表4-3、表4-4的统计性描述表明，随着经济的快速增长，受访者的主观幸福感由2005年的3.41上升到2008年的3.71，实现了小幅度的上涨，并且，经济较为发达的城市地区和东部地区的居民更倾向于报告较高的幸福水平，可见经济增长与人们的主观幸福感存在密切的相关性。表4-5、表4-6的实证结果进一步证实了经济增长与主观幸福感显著正相关。首先，Order Probit模型、OLS模型两种回归结果均表明，经济增长（人均GDP）与主观幸福感显著正相关，且相关系数超过0.1。其次，两种回归结果表明，个体较高的绝对收入水平能显著提升居民的主观幸福感。可见，经济条件的改善是提升居民主观幸福感的前提和基础，尤其是在居民的收入水平还不能满足其基本需要时，经济增长对居民的主观幸福感处于支配性的地位。

另外，本书特别关注时间虚拟变量的回归结果。表4-5、表4-6表明，与2005年相比，2006年居民感觉不幸福，但2008年居民感觉是幸福的。可见，与2005年相比，2006年居民的主观幸福感显著下降了，也即居民的主观幸福感并未随着经济的增长而提升，出现了所谓的幸福收入悖论现象。然而，2008年居民的主观幸福感又显著提升了,幸福收入悖论现象又消失了。因此,经济增长是影响居民主观幸福感的重要因素,但绝不是唯一因素,我们更加关心的是,引起这种幸福差异的因素是什么?

(二) 收入分配与主观幸福感

由表4-5可知,基尼系数每上升1个单位,居民主观幸福感下降的概率增加26.6%,相对收入每上升1个单位,居民主观幸福感上升的概率增加33.1%。表4-6进一步表明,基尼系数对居民主观幸福感的负效应远远大于经济增长对居民主观幸福感的正效应;相对收入对居民主观幸福感的影响远远大于绝对收入对居民主观幸福感的影响,也即收入差距越小,人们的相对收入越高,其幸福感也就越高。再看表4-3的数据统计,2005年、2006年、2008年居民的相对收入分别是2.33、1.98、2.52,这三年样本所在省份的基尼系数均值分别是0.398、0.403、0.389。可见,基尼系数、相对收入的变化趋势与居民主观幸福感的变化趋势一致,均呈现先下降后上升的趋势。在一定程度上,我们可以说,收入差距侵蚀了经济增长、社会福利对居民主观幸福感的正效应,即使个体自身的收入水平、社会福利上升了,若参照群体的收入水平、社会福利上升得更多,其相对收入也自然会下降,由于个体的攀比心理,其主观幸福感不仅不会因收入及社会福利的增加而提升,反而会出现下降的可能。

从经济学直觉可知,收入分配对主观幸福感的这种效应是较大的。这个结论意味着我国居民对收入不平等的容忍程度较低，对不平等存在强烈的厌恶情绪。这可能与我国"不患寡而患不均"的文化传统及"社会主义"意识形态相关。这种对收入不平等的厌恶情绪与我国现实中收入不平等之间的矛盾，对我国居民主观幸福感产生了显著的负面效应。可见，收入差距导致的相对收入差异，是引起居民主观幸福感差异的重要因素，也是导致幸福收入悖论现象的重要原因之一。

（三）收入再分配与主观幸福感

政府在教育、医疗、社会保障方面的财政支出是收入再分配的一种形式（Ng，2003），这种收入再分配对居民主观幸福感又有着怎样的影响？

表4-5表明，医疗支出对数每上升1个单位，居民主观幸福感上升的概率增加17.6%，社会保障支出对数每上升1个单位，居民主观幸福感上升的概率增加6.16%，表4-6再次证明了医疗支出、社会保障支出对居民主观幸福感的正效应。可见，收入再分配对促进居民幸福感的提升具有积极效应，是解决"幸福收入悖论"问题的一个有效手段。这与西方学者对政府支出与居民幸福感之间关系的研究结论较为一致，且这种结论是不难解释的。首先，在前些年，"因病致贫，因贫返贫""老无所养""读高中拖累全家，读大学拖垮全家"等例子屡见不鲜，然而，近年来，中央出台了一系列相关政策和措施，如取消农业税、推进农村新型合作医疗制度、实行免费九年义务教育等，这些收入再分配政策的实施，缓解了老百姓的后顾之忧，

从而在心理上提高了其主观幸福感。其次，主流经济学认为政府支出是针对所有人的，相对功能较弱，自然不会产生攀比效应，因此，政府支出有利于居民主观幸福感的提升。Ng（2008）认为，政府支出具有这一性质，所以，政府应通过税收的方式扩大公共支出，从而获得比私人支出更高的经济效率和福利效率。

值得注意的是，在两种模型回归结果中，教育支出对居民主观幸福感的影响均不显著，而个体的教育水平却能显著提升居民的主观幸福感。在已有的研究中，学者们对教育是否影响居民的主观幸福感存在争议。一些学者认为，教育对主观幸福感有正向的影响（Oswald，1997；Blanchflower and Oswald，2004）；还有一些学者认为，教育对主观幸福感的正向效应不显著，甚至产生了负向效应（Clark，2003；Knight and Gunatilaka，2007）。教育作为促进人类发展和提升个人能力的重要途径，其重要性是不言而喻的，本书在后续章节关于个体发展代际传递效应的分析中，将进一步研究个体教育水平的决定因素，以及教育对个体发展及个体主观幸福感的效应。

表4-5、表4-6的模型回归结果表明，个体特征变量与居民主观幸福感显著相关，且与已有研究结论一致。全职就业能显著提升居民的主观幸福感，这也是不难理解的：一方面，就业能缓解居民的经济压力，提升其物质生活水平；另一方面，失业不仅给个体带来了收入损失，而且给个体带来了心理损失，如失业会让人产生压抑感与焦虑感，甚至会给个体带来某种耻辱感，并且，这些心理损

失对幸福感的负效应远大于收入损失对幸福感的负效应，从这个意义上讲，全职就业确实能显著提升居民的主观幸福感。身体健康能显著提升居民的主观幸福感，这是显而易见的，尤其是对身体不健康的群体而言，身体健康可能是影响其主观幸福感的决定性因素。与男性相比，女性更加幸福，这可能是由于男性更多地承担着"养家糊口"的重任，其身心压力比较大，而女性天性就比男性开朗、乐观，这往往使得女性比男性更加幸福；从政治面貌来看，中共党员更加幸福；从民族特征来看，汉族群体更加幸福；从年龄及年龄平方项的回归系数可知，年龄与居民主观幸福感的关系呈"U"形，也即青少年及老年群体更加幸福，中年群体不幸福，这可能是中年群体往往面临"上有老、下有小"的养家负担，导致其主观幸福感偏低。

另外，两种模型的回归结果均显示，城市户籍项的系数是负向的，但并不显著。这种结果再次质疑了"经济增长能带来幸福"的经济学传统观点。城乡居民在收入、公共服务等方面显著优于农村，理应来说，城市居民应该更幸福，为何却出现了城乡居民幸福感差异不大，甚至农村居民更幸福的现象？这个问题是本书下一章研究的重点。

（四）稳健性检验

由表4-3可知，我国东部地区与中部、西部地区相比，居民的收入差距较大，而居民的主观幸福感差异并不明显；城市地区与农村地区相比，居民的收入、社会福利等相差甚远，但居民的主观幸福感并不存在太大的差异。

为此，本书运用 Order Probit 模型，使用相同的数据和变量，对这些经济发展水平不同的地区进行分样本回归，一方面，进一步从横向研究收入与居民主观幸福感的相关性问题；另一方面，也是对全样本回归结果的一种稳健性检验。

表 4-7 是 Order Probit 模型分样本回归结果。先来看年度变量的回归系数，与 2005 年相比，2006 年东部、中部、西部地区以及城乡地区的居民感觉是不幸福的，而 2008 年这些地区的居民感觉又是幸福的。这与全样本回归结果一致，再次说明了本书回归结果的稳健性和可靠性。

表 4-7　Order Probit 模型分样本回归结果

总体分类	变量名	被解释变量：主观幸福感				
		东部	中部	西部	城市	农村
年度变量	2005 年（参照组）					
	2006 年	-0.593*** (0.0686)	-0.823*** (0.0727)	-0.491*** (0.111)	-0.716*** (0.0520)	-0.621*** (0.0744)
	2008 年	0.720*** (0.0660)	-0.0469 (0.103)	0.544* (0.324)	0.443*** (0.0510)	0.364*** (0.0783)
宏观变量	人均 GDP	0.728*** (0.0948)	0.202 (0.176)	0.0228 (0.364)	0.194*** (0.0493)	-0.109 (0.0749)
	基尼系数	-1.550*** (0.570)	-0.370** (1.186)	-1.170* (2.665)	-0.560** (0.454)	-3.731*** (0.754)
	教育支出	-0.086*** (0.211)	0.683** (0.274)	-0.0424 (0.401)	-0.224** (0.110)	0.488*** (0.154)
	医疗支出	0.102 (0.126)	0.119 (0.164)	-0.196 (0.228)	-0.00468 (0.0793)	0.295*** (0.0939)
	社会保障支出	0.124*** (0.0263)	0.250*** (0.0555)	0.111** (0.157)	0.0882*** (0.0210)	0.0492* (0.0270)

续表

总体分类	变量名	东部	中部	西部	城市	农村
家户特征变量	绝对收入	0.0241*** (0.00746)	0.0606*** (0.00976)	0.0641*** (0.0170)	0.0233*** (0.00654)	0.0728*** (0.0105)
	相对收入	0.350*** (0.0145)	0.305*** (0.0153)	0.304*** (0.0209)	0.359*** (0.0124)	0.291*** (0.0144)
个体特征变量	户籍	−0.0394 (0.0282)	−0.0179 (0.0276)	−0.00425 (0.0396)		
	性别	0.128*** (0.0221)	0.0790*** (0.0252)	0.0561* (0.0333)	0.122*** (0.0191)	0.0576** (0.0240)
	年龄	−0.0543*** (0.00511)	−0.0549*** (0.00630)	−0.0398*** (0.00824)	−0.0648*** (0.00467)	−0.0293*** (0.00557)
	年龄平方	0.000602*** (5.41e−05)	0.000610*** (6.79e−05)	0.000491*** (8.86e−05)	0.000706*** (4.99e−05)	0.000364*** (5.99e−05)
	民族	0.0603 (0.0584)	0.0613 (0.0503)	−0.00657 (0.0556)	0.0708 (0.0450)	0.0566 (0.0425)
	政治面貌	0.130*** (0.0354)	0.178*** (0.0429)	0.0846 (0.0570)	0.168*** (0.0292)	0.0951** (0.0467)
	婚姻状况	0.414*** (0.0336)	0.377*** (0.0399)	0.395*** (0.0504)	0.425*** (0.0280)	0.383*** (0.0404)
	教育水平	0.0236*** (0.00346)	0.0234*** (0.00419)	0.0257*** (0.00543)	0.0196*** (0.00297)	0.0280*** (0.00408)
	全职就业	0.0870*** (0.0256)	0.0673** (0.0295)	0.0874** (0.0399)	0.0552** (0.0220)	0.0838** (0.0390)
	健康状况	0.395*** (0.0214)	0.388*** (0.0227)	0.348*** (0.0286)	0.398*** (0.0176)	0.368*** (0.0217)

续表

总体分类	变量名	东部	中部	西部	城市	农村
阈值	C1	-0.148 (0.650)	3.497*** (1.281)	-1.632 (2.307)	-0.445 (0.483)	-1.366** (0.636)
	C2	0.792 (0.650)	4.417*** (1.282)	-0.685 (2.305)	0.452 (0.483)	-0.385 (0.634)
	C3	2.313*** (0.651)	5.923*** (1.284)	0.733 (2.304)	1.988*** (0.483)	1.042 (0.634)
	C4	3.877*** (0.651)	7.311*** (1.285)	2.333 (2.304)	3.488*** (0.484)	2.553*** (0.633)
Pseudo R^2		0.0953	0.0848	0.0746	0.0931	0.0746
Prob > Chi^2		0.0000	0.0000	0.0000	0.0000	0.0000
Observations		10573	8347	4804	14325	9399

被解释变量：主观幸福感

分样本回归结果表明，人均GDP的上升能显著提升东部地区、城市地区居民的主观幸福感，而对中部地区、西部地区及农村地区居民的主观幸福感并无影响，这也是不难理解的。当经济在全国范围内普遍性地增长时，东部地区居民收入的上升幅度远大于中部地区、西部地区，城市地区居民收入的上升幅度远大于农村地区。由攀比理论可知，当个体收入的上升幅度小于参照群体时，其收入的上升并不能带来额外的幸福增量；反之，当其收入的上升幅度大于参照群体时，收入的上升能显著提升其主观幸福感。另外，基尼系数的上升显著降低了所有地区居民的主观幸福感。医疗支出能显著提升农村地区居民的主观幸福感，对其他地区居民的主观幸福感并无影响，而社会保障支出则能提升所有地区居民的主观幸福感。

绝对收入、相对收入能显著影响所有地区居民的主观幸福感，但绝对收入的系数远小于相对收入的系数。并且，绝对收入对东部地区居民主观幸福感的效应小于中部地区和西部地区，绝对收入对城市地区居民主观幸福感的效应小于农村地区；相反，相对收入对东部地区居民主观幸福感的效应大于中部地区和西部地区，相对收入对城市地区居民主观幸福感的效应大于农村地区。可见，对所有居民而言，相对收入更重要（与绝对收入相比），并且，经济相对落后地区的居民更加重视绝对收入的增加，而经济相对发达地区的居民则更重视相对收入的改善。

与全样本回归结果不同的是，教育支出对不同地区居民的主观幸福感有着截然不同的效应。教育支出能显著提升中部地区、农村地区居民的主观幸福感，却显著降低了东部地区、城市地区居民的主观幸福感。这可能是因为，与其他地区相比，东部地区、城市地区居民的收入水平更高，一般情况下能够支付相关的教育费用，而较为落后的中部地区、农村地区的居民收入水平较低，往往支付不起相关的教育费用，尤其是高等教育费用，因此，教育支出对经济较为发达地区的居民影响不大，却能改善较为落后地区居民的教育状况。然而，个体的教育水平能显著提升所有地区居民的主观幸福感，再次证明了个体的教育水平对其发展的重要性。

另外，与全样本回归结果一致，全职就业、已婚有配偶、身体健康等，均能显著提升所有地区居民的主观幸福感，并且，户籍、年龄、性别、民族状况及政治面貌等人口统计特征变量的系数及显著性均与全样本回归结果一致，这些再次说明了本书模型设置的可靠性及模型结果的稳健性。

六 小结

本章基于2005年、2006年、2008年中国综合社会调查数据，通过Order Probit模型，在控制个体的收入、教育、健康等个体特征变量的同时，重点分析经济增长及收入分配、收入再分配对居民主观幸福感的影响。主要结论及启示如下。

第一，从2005年到2008年，居民的人均GDP、家庭收入水平大幅度增长，而这种物质财富的日益积累并没有使居民感觉更幸福。对居民主观幸福感进行的OLS多元回归以及Order Probit模型全样本、分样本回归结果表明，在控制经济增长、基尼系数等宏观变量以及绝对收入、相对收入等个体特征变量的基础上，与2005年相比，2006年居民的幸福水平反而下降了。

第二，人均GDP的上升，只能提升东部地区、城市地区居民的主观幸福感，而对其他地区居民的主观幸福感并无影响。基尼系数的上升，降低了所有地区居民的主观幸福感。政府在医疗、社会保障方面的支出能显著提升居民的主观幸福感，教育投资能显著提升中部地区、农村地区居民的主观幸福感，而对东部地区、城市地区居民的主观幸福感并无影响。

第三，个体的绝对收入、相对收入均是影响居民主观幸福感的重要因素，而居民更加看重的是相对收入的改善。值得注意的是，绝对收入对经济相对落后地区居民主观幸福感的影响系数较大，而对经济相对发达地区居民主观幸福感的影响系数较小；反之，相对收入对经济相对发达地区居民主观幸福感的影响系数较大，而对经济较为落后地区居民主观幸福感的影响系数较小。

第四，个体的教育、就业及健康等发展状况，是影响居民主观幸福感的重要因素。

由上述结论，我们可以得到以下三点启示。

第一，经济增长与居民主观幸福感不一致的现象表明，并非意味着忽视或抛弃经济增长而谈幸福，经济增长、物质财富的积累反而是实现居民主观幸福感的前提和基础。然而，经济增长、居民收入对居民主观幸福感的影响虽显著但影响系数较小，在所有的实证回归分析中，绝对收入的系数还不到0.1。可见，必须超越经济增长，在实现经济增长的同时，还要重视居民在教育、医疗、社会保障等方面的社会福利改善，以及个体其他切身真实福利的提升。

第二，基尼系数降低了居民的主观幸福感，并且，相对收入对居民主观幸福感的影响不仅在统计上显著，而且在经济上也非常显著。这个结果意味着，适当缩小收入差距，尤其是提升农村地区及中部地区和西部地区居民的绝对收入水平，能显著提升居民的主观幸福感。此外，加强对农村等经济相对落后地区的民生投资,同样能显著提升居民的主观幸福感。

第三,实现个体的发展不仅依赖个体收入水平的提升,而且在于个体接受教育的机会及受教育水平,在于个体平等的就业机会及良好的就业环境,在于个体能接受良好的医疗保健服务,等等。

第五章　城乡社会结构与幸福

　　第三章、第四章分别从微观、宏观视角破解纵向的幸福收入悖论，本章主要基于城乡社会结构视角，破解横向的幸福收入悖论。在中国经济快速增长的同时，城乡居民收入以及教育、医疗、社会保障等物质生活条件的差距不断扩大，在物质条件具有如此优势的情况下，城市居民反而没感到更幸福，那么，城市化进程有可能是建造"幸福围城"的过程，显然，这违背了城市化发展的基本初衷。在中国，城乡二元结构不仅表现在经济社会生活的物质方面，而且在物质生活基础上形成了彼此迥异的城乡生活方式、精神文化以及居民的生活心态与价值观念。基于此，本书将这种悖论式的事实置于城乡二元经济社会结构的现实之中，运用 Order Probit 模型对中国综合社会调查数据进行实证分析，将影响幸福的客观因素、人生态度因素纳入模型中，并使其与户籍项发生交互作用，以分解客观因素、人生态度因素对居民幸福感的不同影响，以及这些影响在城乡之间的差异。在此基础上，探讨居民幸福的城市化道路。

一 研究背景和问题

改革开放以来，在中国经济快速增长的同时，城乡居民收入水平的差距不断扩大，农村居民人均纯收入与城镇居民人均可支配收入的差距，由1978年的182.7元上升到2010年的13000元。2010年，城镇居民人均可支配收入是农村居民人均纯收入的3.23倍。如果把城市居民收入中一些非货币因素，如住房、教育、医疗、社会保障等各种社会福利考虑在内，城乡居民的生活质量、福利水平差距则更大。但是，许多实证分析表明，中国农村居民的主观幸福感强于城镇居民（曾慧超、袁岳，2005；罗楚亮，2006；何立新、潘春阳，2011；张学志、才国伟，2011；叶初升、冯贺霞，2014）。城乡居民物质生活水平与主观幸福感之间真的存在这种此消彼长的关系？或者说，真的存在城乡幸福收入悖论吗？如果答案是肯定的，那么农民为什么还要挤进城市？难道城市是幸福的"围城"？发展的根本目标在于促进公民幸福。在中国倡导新型工业化、信息化、城镇化、农业现代化协调同步发展的时代背景下，从发展的终极目标去反思和分析这些问题具有重要的现实意义。

为了回答这些问题，本书使用2005年、2006年、2008年中国综合社会调查数据，运用Order Probit模型进行初步分析。结果表明，在控制绝对收入、相对收入及人口统计特征等变量后，2006年数据显示存在显著的城乡幸福收入悖论，而从2005年、2008年数据中虽然可以观察到城乡幸福收入悖论的迹象，但在统计上并不显著。为了不至于由此简单得出"是否存在城乡幸福收入悖论取决于时间与调查样本"这样的模糊结论，本书专注于2006年数据的分析，希望仔细考察城乡幸福收入悖论背后的原因，探讨究竟是什么因素侵蚀了更好的城市物质生活给人们带来的幸福效应。

本章第二部分考察相关研究文献，从中汲取思想营养，并为实证分析寻找新的突破方向；第三部分是模型、数据及相关变量的说明；第四部分对实证结果进行分析；第五部分是本章的总结和政策建议。

二 文献评论

近年来，我国经济快速增长而城乡居民幸福感并未相应增强这一事实为国内许多学者所关注（奚恺元，2005；朱建芳、杨晓兰，2009；邢占军，2011；张旭，2011）。大部分研究主要集中在幸福感的影响因素方面，并力求对中国现实生活中的幸福收入悖论现象做出解释。田国强、杨立岩（2006）对我国幸福收入悖论现象的解释是：存在一个临界收入水平，当收入未超过临界收入时，收入的增加能显著提升居民幸福感；一旦收入超过临界收入水平，收入的增加反而会降低居民幸福感。张学志、才国伟（2011）的研究表明，绝对收入对居民幸福感有正向的作用，并呈倒"U"形，但考虑相对收入因素后，绝对收入对幸福感的影响不再显著；而重视金钱的人群不幸福，重视生活的人群比较幸福。何立新、潘春阳（2011）从收入差距和机会不均等两个视角解释我国的幸福收入悖论现象。他们认为，机会不均等对居民幸福感存在显著的负效应，且对低收入者与农村居民幸福感的负效应更强，收入差距显著降低了低收入阶层及农村居民的幸福感。何立华、金江（2011）从个体特征、外部环境两个维度研究我国居民的幸福感，研究表明，个体特征因素及外部环境因素均与居民幸福感之间有着显著的关系，但是，如果不考虑年龄因素，在这些所有与居民幸福感有显著关系的因素中，居民性格因素的作用大于其他因素。

也有学者关注我国城乡幸福感差异问题，其研究思路不外乎两种：或者在回归中通过户籍项，或者直接进行样本分组，关注的重点是城乡收入或其他客观物质方面的差异对城乡居民幸福感产生的不同影响。例如，罗楚亮（2006）通过城乡样本分组的方法，对我国城乡幸福差异问题进行了详尽的分析。他认为，较低的收入预期是农村居民幸福感较高的主要原因。

从现有研究文献中，我们可以形成两个基本判断，从而也启示我们关于城乡幸福收入悖论进一步研究的方向。

第一，总体而言，经济学关于幸福问题的研究主要是围绕"Easterlin 悖论"展开的，关注的焦点是纵向上的幸福收入悖论问题。仔细反思 Easterlin（1974）的实证研究结论不难发现，"Easterlin 悖论"的含义是双重的：首先，在一个经济体之内，就纵向的历时态而言，幸福感并不随收入的增加而增加；其次，在不同经济体之间，就横向的截面而言，国民的幸福感并不随富裕程度的提高而增加。从这个角度看，迄今关于"Easterlin悖论"的解释绝大部分是针对第一层面即纵向上的幸福收入悖论问题，而对第二层面即横截面上的幸福收入悖论问题关注较少。

当我们面对中国城乡幸福悖论时，不能忽略中国长期形成的城乡二元经济社会结构这个客观现实。由于我国特殊的城乡二元结构，农村居民不仅在收入上低于城市居民，而且在赋权和发展机会方面与城市居民也相差甚远，农村在基础设施、住房、教育、医疗、社会保障等各个细节方面落后于城市，再加上户籍限制，使得城乡分割为"富"与"穷"两个截然不同的社会系统。中国城乡幸福收入悖论更多的是横截面上的"Easterlin悖论"，这既是本书对研究对象的一种基本判断，也构成本书在研究视角上的一种创新。

第二，从关注影响幸福的客观因素到强调人们的主观心理，研究幸福问题的两个路径彼此交融。幸福感是人们评价自身生活质量而产生的主观感受，它依赖一定的客观外在事实，更与主观心理密切相关。早期关于幸福感问题的研究多聚焦于外在的客观因素对幸福感的影响，形成了一种客观的研究路径；当人们发现外在的客观因素对幸福感的影响不甚显著时，相关研究逐渐转向以主观心理因素解释幸福的差异，形成了研究幸福问题的主观路径。但是，无论是强调攀比心理还是强调适应性心理，幸福问题的主观研究路径都发现，主观心理因素在一定程度上以某种方式或机制侵蚀了收入等客观物质因素对幸福所产生的正效应，似乎人的主观心理因素对幸福感只有负效应。这与我们对社会经济生活的观察不相符，也与我们自己对生活的体验不尽相同。例如，一种健康的、阳光的、淡泊宁静的心态可能会增强人们的幸福感。

在中国，城乡二元结构不仅表现在经济社会生活的物质方面，而且在物质生活基础上形成了彼此迥异的城乡生活方式、精神文化以及居民的生活心态与价值观念。后者是决定城乡居民幸福差异的重要因素，然而却被现有研究忽略了。基于城乡二元社会经济结构的客观现实，本书将影响幸福的客观因素、人生态度因素纳入模型中，并使其与户籍项发生交互作用，以分解客观因素和人生态度因素对居民幸福感的不同影响，以及这些影响在城乡之间的差异，这是本书区别于现有文献的又一个创新。

三 模型、变量与数据

（一）实证模型

在第三章幸福函数的基础上，参考第五章的攀比理论和定值理论模型分析框架，本章尝试结合经济学、社会学与心理学关于幸福的研究成果，假定人们的真实（潜在）幸福感由收入、家户特征、个人特征、心态等因素决定，满足以下回归模型：

$$Happiness^* = \beta_1 x_1 + \beta_2 x_2 + \beta_3 x_3 + \beta_4 x_4 + \beta_5 x_5 + \beta_6 x_6 + \lambda Z + u$$

$$(5-1)$$

其中，x_1 代表家户绝对收入对数值；x_2 是家户的相对收入（家庭经济在当地社群中所处的相对水平）；x_3 是家户的期望收入；x_4、x_5 和 x_6 是人生态度变量，分别表示被观察者对命运、家境和进取心影响人生的主观评价；Z 是个体特征变量。假定 u 符合标准正态分布，采用极大似然法（MLE）估计 Order Probit 模型参数。

（二）变量的选择、定义及描述

实证模型的被解释变量是主观幸福感，是主体对自身生活质量的一种心理体验。在 CGSS 中，相应的幸福问题是："总体而言，您对自己所过的生活的感觉是怎么样呢？"要求受访者根据自身的情况，从"非常不幸福"到"非常幸福"在 1~5 的范围内进行打分。

在计量分析中，本书采用绝对收入即上一年家庭总收入的对数值。相对收入是指家庭经济状况在当地所处的水平。CGSS 对相对收入所设计的问题是："在您看来，您本人的社会经济地位属于上层、中上层、中层、中下层还是下层？"要求受访者在 5 个阶层间进行选择，其中，"下层"赋值为 1，"上层"赋值为 5。另外，个体对未来收入的期望值也是影响幸福感的重要因素（罗楚亮，2006）。CGSS 对期望收入所设计的问题是："在您看来，您家庭的经济状况在未来 3 年内会有什么变化？"要求受访者在 1~3 的范围内进行选择，1 表示"变差"，2 表示"不变"，3 表示"变好"。

人生态度是人们在生活实践中形成的关于人生问题的一种稳定的心理倾向和基本意愿。长期以来，我国城乡二元社会经济结构以及城乡生活水平差距的客观存在，再加上农村相对封闭的环境，使农村逐渐形成一种区别于城市的"亚文化"。当几代人的努力都无法冲破"农"之藩篱，无法改变自身生活处境时，许多农村居民在主观上或积极或被动地接受了这种"亚文化"，形成了一种特殊的心态，亦即被一些人称为"农民心理"的东西，如封闭保守意识、随遇而安、听天由命、知足常乐、安于现状、对乡土的眷恋等。这种心理是通过文化的传承而获得的，它潜藏于心灵深处，是人生态度的重要组成部分。在现代性的视野中，这种"农民心理"或隐或显地对其行为产生"消极的"影响，但就幸福体验而言，这种"农民心理"未必就是消极的。本书用命运、家境及进取心在事业成功中的重要性反映不同的人生态度，并以此视角分析城乡幸福收入悖论。CGSS对"命运""家境""进取心"所设计的问题是："在您看来，命运、家境与进取心在事业成功中的重要性是怎样的？"要求受访者从"一点都不重要"到"具有决定性作用"在1~5的范围内打分。具体变量描述性统计见表5-1。

表5-1 变量描述性统计

变量名称	均值	标准差	最小值	最大值	样本数（个）
主观幸福感	3.44	0.73	1	5	8068
绝对收入（元）	22471.4	133495.3	149.9	10019061.3	8068
相对收入	2.26	0.91	1	5	8068

续表

变量名称	均值	标准差	最小值	最大值	样本数（个）
期望收入	2.52	0.59	1	3	8068
命运	2.77	1.16	1	5	10622
家境	3.62	0.96	1	5	10622
进取心	4.05	0.79	1	5	10622
城市	0.58	0.49	0	1	8068
年龄	43.09	12.93	18	71	8068
年龄平方	2024.51	1145.37	324	5041	8068
女性	0.53	0.50	0	1	8068
已婚有配偶	0.83	0.38	0	1	8068
汉族	0.94	0.24	0	1	8068
中共党员	0.09	0.29	0	1	8068
全职工作	0.70	0.46	0	1	8068
健康状况	2.93	0.68	1	4	8068
教育水平	4.76	2.57	1	14	8068

注：绝对收入是指上一年的家庭总收入，在计量分析中，采用的是绝对收入对数值；"非常不健康"赋值为1，"不健康"赋值为2，"健康"赋值为3，"非常健康"赋值为4；"没有受过教育"赋值为1，"自修"赋值为2，"小学一年级"赋值为3……高中三年级及以上赋值为14。

四 实证结果与分析

（一）城乡幸福收入悖论

本书分别运用2005年、2006年、2008年CGSS调查数据，将城乡居民幸福感对收入等变量进行回归，其结果见表5-2。

表5-2 关于城乡居民幸福感的基本模型回归

变量	2005年	2006年	2008年
城市	-0.00378 (0.0296)	-0.0720** (0.0319)	-0.0572 (0.0371)
绝对收入	0.188*** (0.0153)	0.0332*** (0.00721)	0.00890 (0.00895)
相对收入	0.326*** (0.0152)	0.275*** (0.0156)	0.417*** (0.0222)
年龄	-0.0534*** (0.00526)	-0.0477*** (0.00738)	-0.0524*** (0.00708)
年龄平方	0.000573*** (5.44e-05)	0.000551*** (8.22e-05)	0.000616*** (7.68e-05)
女性	0.0658*** (0.0233)	0.0900*** (0.0260)	0.112*** (0.0286)
中共党员	0.172*** (0.0368)	0.155*** (0.0433)	0.0609* (0.0498)
汉族	-0.0157 (0.0520)	0.190*** (0.0501)	0.112** (0.0554)
已婚有配偶	0.474*** (0.0370)	0.475*** (0.0403)	0.232*** (0.0414)
全职工作	0.0514 (0.0322)	0.0376 (0.0320)	0.0514 (0.0343)
健康状况	0.436*** (0.0252)	0.397*** (0.0205)	0.385*** (0.0307)
教育水平	0.0672*** (0.00612)	0.0371*** (0.00614)	0.0371*** (0.00636)
C_1	-0.373** (0.179)	-0.373*** (0.185)	-1.329*** (0.188)
C_2	0.595*** (0.179)	0.287 (0.182)	-0.419** (0.188)

续表

变量	2005 年	2006 年	2008 年
C_3	2.237*** (0.178)	2.003*** (0.183)	0.526*** (0.185)
C_4	3.902*** (0.180)	3.647*** (0.186)	1.803*** (0.186)
Pseudo R^2	0.0937	0.0761	0.0656
Prob > Chi^2	0.0000	0.0000	0.0000
样本量	9685	8068	5982

注：括号内是稳健标准误；***、**、*分别表示在1%、5%和10%的统计水平下显著。

首先，在这三年的数据回归分析中，年龄、年龄平方、性别、党籍、健康状况、婚姻状况、受教育水平等人口特征变量对居民幸福感的影响均与我们预期的一致，且在统计上是显著的。

本书特别关注虚拟变量"城市"户籍的回归结果。我们发现，在控制绝对收入、相对收入及人口统计特征等变量后，在2006年的数据回归中，虚拟变量"城市"的回归系数为负，且在统计上是显著的，这说明2006年存在显著的城乡幸福收入悖论：在其他变量不变的条件下，与农村人口相比，户籍为城市的人口的幸福感下降了。而2005年、2008年虽然存在城乡幸福收入悖论的迹象（回归系数为负），但在统计上并不显著。

为了不至于由此简单得出城乡幸福感因时间和调查样本不同而存在差异这样的模糊结论，本书专注于分析2006年数据，希望仔细考察城乡幸福收入悖论背后的原因，探究竟是什么因素侵蚀了较高的城市物质生活水平所产生的幸福效应。我们在基准模型的基础上加入收入预期、人生态度等变量，以分析主观心理因素对城乡幸福的贡献及其差异。另外，为了观察绝对收入、相对收入及预期收入在城乡二元经济社会结构中对幸福感所产生的不同效应，本书增加了城市户籍与绝对收入、相对收入及预期收入交互项；为了观察居民的生活态度在城乡二元经济社会结构中对幸福感所产生的不同效应，本书在模型中还增加了城市户籍与生活态度变量的交互项（见表5-3）。

表5-3 生活态度与城乡居民幸福回归结果

变量	被解释变量：主观幸福感		
	模型（1）	模型（2）	模型（3）
城市	-0.0258 (0.0321)	0.0568** (0.180)	0.668*** (0.229)
绝对收入对数	0.0283*** (0.00724)	0.0243*** (0.0103)	0.0710*** (0.0142)
相对收入	0.235*** (0.0158)	0.175*** (0.0243)	0.191*** (0.0239)
预期收入	0.360*** (0.0229)	0.294*** (0.0307)	0.348*** (0.0227)
命运		-0.0372*** (0.0171)	0.0144** (0.0196)
家境		0.0198** (0.0118)	0.0554** (0.0223)
进取心		0.0547*** (0.0230)	-0.0192* (0.0251)
城市*绝对收入对数			-0.0690*** (0.0165)

续表

变量	被解释变量:主观幸福感		
	模型(1)	模型(2)	模型(3)
城市*相对收入			0.0850*** (0.0297)
城市*预期收入			-0.0483 (0.0619)
城市*命运			-0.0611*** (0.0245)
城市*家境			-0.0603** (0.0283)
城市*进取心			0.0309** (0.0324)
年龄	-0.0455*** (0.00740)	-0.0448*** (0.00741)	-0.0442*** (0.00743)
年龄平方	0.000555*** (8.24e-05)	0.000553*** (8.25e-05)	0.000542*** (8.28e-05)
女性	0.0870*** (0.0262)	0.0897*** (0.0262)	0.0938*** (0.0262)
中共党员	0.147*** (0.0431)	0.141*** (0.0432)	0.140*** (0.0433)
汉族	0.193*** (0.0510)	0.194*** (0.0514)	0.202*** (0.0514)
已婚有配偶	0.476*** (0.0402)	0.466*** (0.0403)	0.468*** (0.0404)
全职工作	0.0155 (0.0323)	0.0212 (0.0324)	0.0174 (0.0324)
健康状况	0.379*** (0.0205)	0.376*** (0.0204)	0.376*** (0.0205)
教育水平	0.0375*** (0.00616)	0.0364*** (0.00620)	0.0359*** (0.00622)

续表

变量	被解释变量:主观幸福感		
	模型(1)	模型(2)	模型(3)
C_1	-0.597** (0.272)	-0.679** (0.288)	-0.0975*** (0.358)
C_2	0.557*** (0.269)	0.480*** (0.287)	1.064*** (0.359)
C_3	2.348*** (0.271)	2.278*** (0.288)	2.866*** (0.361)
C_4	3.948*** (0.275)	3.885*** (0.291)	4.477*** (0.364)
Pseudo R^2	0.0908	0.0931	0.0962
Prob > Chi^2	0.0000	0.0000	0.0000
样本量	8068	8068	8068

注：括号内是稳健标准误；***、**、* 分别表示在1%、5%和10%的统计水平下显著。

我们注意到，利用2006年数据的扩展模型（1）、模型（2）和模型（3）中，人口特征变量对居民幸福感的影响有着与我们预期相一致的方向，且在统计上是显著的。而且，主要的人口特征变量的回归系数甚至表现出惊人的稳定性。这也从一个侧面说明了本书模型设置的可靠性与回归分析的稳健性。

（二）城乡幸福收入悖论影响因素分析

模型（1）的回归结果表明，在控制预期收入变量后，虽然预期收入对被解释变量即居民主观幸福感具有显著的积极影响，但是，此时虚拟变量"城市"的回归系数仍然为负（当然在统计上并不显著），因此，我们仍然不能排除城乡幸福收入悖论的存在。这一结果与罗楚亮（2006）以预期收入解释城乡居民幸福感差异的结论不同。或者说，在数据回归中，不能用预期收入来解释城乡幸福收入悖论。

值得特别关注的是，在模型（2）和模型（3）中，城市户籍项显著为正，这不仅在统计上表现出较强的显著性，而且在实际的经济学意义上也非常显著。这就是说，"城乡幸福收入悖论"这一现象消失了：在增加了一些控制变量之后，城市居民比农村居民更幸福。这正是本书关注的焦点。与出现"城乡幸福收入悖论"的表5-2中的2006年模型以及表5-3中的模型（1）相比，表5-3中的模型（2）和模型（3）有一个共同的特征，即加入了被访者对"命运""家境""进取心"认识的人生态度。这就是说，如果城乡居民在这些问题上有着相同的主观心态，在控制收入变量、人口特征变量之后，城市居民的幸福感会高于农村居民，此时不存在所谓的城乡幸福收入悖论。换言之，产生城乡幸福收入悖论的根本原因在于城乡居民不同的主观心态。

模型（3）的进一步分析表明，人生态度对生活在城乡二元经济结构下的中国居民的幸福感所产生的效应是不同的。

其一，农村居民越"认命"，其幸福感就越强，"认命"每上升一级，农村居民幸福感上升的概率就增加1.44%。在城市则相反，城市居民"认命"每上升一级，反而会导致幸福感以4.67%（即1.44% - 6.11%）的概率下降。在农村,祖祖辈辈依靠、依恋大自然,社会关系自成一体、相对封闭,虽然没有外面的世界那样精彩,但同时也少了许多那些精彩背后的种种无奈,"听天由命"的淡然心态油然而生。这种心态是淡然的,同时也是积极的、由衷的、乐观的,它恰好能够给农村居民幸福感带来积极的效应,正所谓"憨人自有憨福"。在城市,社会经济急剧变化,生活节奏加快,很难容得下居民"听天由命"那种淡然而积极乐观的心态。在家户问卷调查时,城市被访问者的"认命"选项包含的更多是对生活的消极无奈,而非积极的、豁达的乐观心态。

其二,相比城市居民而言,农村居民更看重家境。农村居民对家境重要性的认知每上升一级,其幸福感上升的概率将上升5.54%;而城市居民如果看重家境,其幸福感则以0.49%(即5.54%-6.03%)的概率下降。我们可以从两个方面解释这一结果。一方面,城市和农村家庭在结构、规模、关系等方面不同。在城市,绝大多数家庭是由一对夫妻及其子女(多数是未成年子女)组成的社会学意义上的核心家庭(Nuclear Family),其规模较小,关系简单而亲密,家庭生活中的矛盾和纠纷相对较少,家庭民主氛围较浓。农村家庭的规模一般比城市家庭要大得多,多数是社会学意义上的扩展家庭(Extended Family),关系也相对复杂,形成的历史自然也会相应长一些。另一方面,在城乡二元经济社会结构下,城市与农村不同的社会环境,使得个人发展与家庭境况的关联程度不同。根据社会学的基本理论,影响个人发展及其成就的重要因素可以分为先天承袭与后天努力两类。一个社会越传统，家庭境况等外生因素在个人发展及其成就中的重要性就越凸显；一个社会越现代，个人的后天努力在个人发展及其成就中的重要性就越大。因此，当问及"在您看来，家境在事业成功中的重要性是怎样的？"时，在更为传统的农村社会，如果农村居民看重家境（对家境重要性的认知越强），是对家庭生活境况影响个人发展及其成就的正常反映，这种心态传递了传统农村家庭的一种积极的认知，在控制其他变量的情况下，农村居民的幸福感越高。然而，在城市，在原本个人努力对个人发展更为紧要而家庭因素不是那么凸显的现代社会（相对于农村），如果城市居民非常看重家境在个人事业成功中的作用，所流露的更多是被访者在现代城市社会中由于各种原因而滋生的非积极心态，其幸福感的缺损也是可以理解的。

其三，努力进取的积极心态能够提升城市居民的幸福感，却降低了农村居民的幸福感。被访者对进取心在事业成功中重要性的认知，对其幸福感的影响在城乡有着不同的方向：认知每上升一级，农村居民的幸福感将以1.92%的概率下降，而城市居民的幸福感则以1.17%［即（-1.92%）+3.09%］的概率上升。我们可以从城乡二元经济社会结构下不同的发展机会找到对这一现象的解释。人是一种社会性动物，每个人都生活在特定的社会群体之中。上天给我们每个人的天赋是大致相同的，每个人能够做点什么，自己的努力固然重要，但个人的努力能够取得什么样的成就，则主要取决于社会为你提供了一个什么样的平台空间和发展机会。

众所周知,在当今中国,农村与城市为个体发展提供的平台空间与发展机会截然不同。在城市,城市居民努力进取的积极心态之所以能够增强其幸福感,是因为他们有着相对优越的客观社会环境,个人的积极进取、广阔的发展空间、个人的成就与幸福三者之间是内在一致的;在农村,由于客观条件、发展机会、制度安排等方面存在不足,努力进取未必就能取得好的结果,因此,农村居民面对现实安于现状的心态或许更能增强自己的幸福感。

此外,我们还关注绝对收入、相对收入及预期收入在城乡不同社会中对幸福感所产生的不同效应(三种收入与户籍项的交互项)。模型(3)的回归结果表明,绝对收入对农村居民幸福感的正效应大于城市——绝对收入对数值每增加1个单位,农村居民幸福感将以7.1%的概率显著上升,城市居民幸福感上升的概率仅为0.2%(即7.1% - 6.9%)。但是,相对收入对城市居民幸福感的正效应大于农村——相对收入每提升1个单位,农村居民幸福感将以19.1%的概率上升,而城市居民幸福感上升的概率则更大,为27.6%(即19.1% +8.5%)。上述结论与已有的大多研究结论是一致的:低收入群体(农村居民)更加重视绝对收入的增加,而高收入群体(城市居民)更关注相对收入的改善(Easterlin, 1995, 2001, 2012; Blanchflower and Oswald, 2004; Kahneman et al., 2006; Clark et al., 2008)。在模型(3)中,预期收入与户籍的交互项不显著,且系数较小,这说明预期收入在城乡对居民幸福感所产生的效应差异并不显著。我们的实证分析再一次说明,城乡幸福收入悖论并非如罗楚亮（2006）所言由预期收入对城乡幸福效应的差异所致。

（三）城乡幸福收入悖论的存在条件

我们在模型（3）中还有一个有趣的发现：虽然户籍项系数显著为正，但是户籍项与绝对收入对数、命运及家境的交互项系数显著为负。这意味着，绝对收入、人们对命运和家境的认知，在一定条件下有可能导致城乡幸福收入悖论。

首先，在控制其他变量不变的前提下，如果绝对收入取值越大，则户籍与绝对收入对数交互项系数的绝对值就越大，只要其绝对值超过户籍项系数，使户籍项及其与绝对收入对数交互项系数之代数和显著为负，就可能使城乡幸福收入悖论成为事实。当绝对收入对数取值为 9.6812（即 66.8% ÷ 6.9%），也即绝对收入达到 16013.7 元（即 $e^{9.6812}$）时，是城乡幸福收入悖论的拐点：在其他条件相同的情况下，在那些绝对收入超过 16013.7 元的居民中，农村居民的幸福感要强于城市居民；当绝对收入低于 16013.7 元时，城乡幸福收入悖论消失，城市居民仍然比农村居民幸福。这一实证结果与我们平时对城乡生活的观察比较吻合。绝对收入 16013.7 元低于样本均值 22471.4 元，只相当于 71.3% 的均值水平，超过这一拐点值的家户样本有 3545 个，占整个样本的比例大概是 43.94%。其中，超过绝对收入值的农村样本量仅为 620 个，占农村家庭样本量的比例为 19.02%；而城市样本中超过这个值的有

2925个,占城市家庭样本量的比例为60.82%。这说明,如果除绝对收入之外的其他条件相同,那么就可能有19.02%的农村居民的幸福感超过60.82%的城市居民。

其次,控制其他变量不变,在逻辑上,如果命运认知的取值越大,则户籍与命运交互项的系数就越大,只要其绝对值超过户籍项系数,就可能出现城乡幸福收入悖论现象。命运认知的取值为10.9329（即66.80%÷6.11%）,是命运认知导致城乡幸福收入悖论的拐点。同样,控制相关变量不变,在逻辑上,如果家境认知的取值越大,则户籍与家境交互项的系数就越大,只要其绝对值超过户籍项系数,就可能出现城乡幸福收入悖论。家境认知导致城乡幸福悖论的拐点是11.0779（即66.80%÷6.03%）。然而,在现实中,命运和家境认知的最大值是5,远远低于上述两个逻辑上的拐点值。因此,在模型中加入居民对命运和家境的认知心态之后,即使命运取最大值,或者家境取最大值,也均不存在城乡幸福收入悖论。这一结论进一步验证了本书关于人生态度变量影响城乡居民幸福感的基本结论。

另外,户籍项与预期收入交互项的系数也为负,但不显著。这里又一次提醒我们,不能用城乡居民对收入的不同预期来解释城乡居民幸福感的差异。

五 总结性的评论与启示

在中国经济快速增长的同时,城乡居民收入以及教育、医疗、社会保障等物质生活条件的差距也不断扩大。但是,一些实证分析表明，中国农村居民的主观幸福感高于城镇居民。既然如此，农村居民为什么还要挤进城市？难道城市是幸福的"围城"？城里城外哪方面的差异造就了这种城乡幸福收入悖论？在为数不多的关注中国城乡幸福收入悖论事实的研究文献中，比较典型的观点认为，收入预期的不同是造成城乡居民幸福感产生反差的主要原因。本书的实证分析结果并不支持这一观点。

反思"Easterlin 悖论"及其后续研究文献，我们获得了两点研究灵感，从而形成了本书不同于现有相关文献的分析思路。其一，把城乡幸福收入悖论这一事实置于中国长期形成的城乡二元经济社会结构现实之中，从横截面不同社会系统比较的视角，而不是同一系统中纵向的幸福收入关系视角，去审视这一悖论事实。其二，将幸福问题的客观研究路径与主观研究路径融合起来，特别关注我国城乡二元经济社会结构在物质生活基础上形成的生活方式、精神文化以及居民生活心态与价值观念的差异。

本书运用 Order Probit 模型对中国综合社会调查中存在城乡幸福收入悖论事实的 2006 年数据进行了分析，结果表明，城乡幸福收入悖论源于城乡居民不同的主观心态。尽管城市居民在收入、医疗、教育等方面均优于农村居民，然而，在控制绝对收入、相对收入及个体特征等相关变量之后，城市居民并不比农村居民更幸福。但是，一旦加入城乡居民对"命运""家境""进取心"等主观心态，城市居民的幸福感会高于农村居民。这就是说，如果城乡居民在拥有相同收入等物质条件的同时，还有着基本相同的主观心态，就不存在所谓的城乡幸福收入悖论。就此而论，如果城市是幸福的"围城"，那么它就在居民的心里，生活心态的变化决定了"围墙"的高度。

然而，主观心态总是外在的客观物质世界的反映。我们应该进一步追问，城乡居民为什么会有不同的生活心态？本书的分析还揭示这样一个深层的事实：如果除绝对收入之外的其他条件都相同，那么在那些绝对收入达到或超过71.6%的均值水平的城乡居民中，农村居民（占农村居民样本量的19.02%）的幸福感超过城市居民（占城市居民样本量的60.82%）。

最好的社会应该是公民最幸福的社会，发展的根本目标在于促进公民幸福。工业化、信息化、城镇化、农业现代化都只是发展的路径而非发展的目的。本书的分析结果带给我们以下两点启示。第一，城市化进程有可能是建造"幸福围城"的过程，因而违背了城市化发展的基本初衷。因此，在推进城市化发展、促进经济增长的过程中，应该关注居民的心灵感受及其变化，引导物质生产、物质生活变化所需要的新的精神生活方式。第二，就发展的终极目的而言，城市化并不是当代中国社会经济发展的唯一路径，增加农民收入、为农民提供均等化的公共基础服务，在农村同样能增强人们的福祉。

第六章 国民幸福指标体系实践经验借鉴

前文的实证研究表明,虽然个体的收入增加及宏观经济增长能显著提升居民的主观幸福感,但相关系数非常小,而公平的收入分配、民生投资,以及个体的身体健康、较高的教育水平和主观心理需要的满足等均能显著提升居民的主观幸福感。可见,经济增长是实现发展的重要手段,而提升居民的主观幸福感才是发展的终极目标。本章在前文实证研究的基础上,借鉴国际上国民幸福指标体系的实践经验,探讨我国的发展理念及国民幸福指标体系的构建问题。

一 经济发展指标的反思

自20世纪40年代以来,人们主要以国民经济核算体系(SNA)衡量财富,其核心是以国内生产总值(GDP)衡量经济总量和社会福利,而单纯强调GDP增速、GDP排名、人均GDP水平则具有很大的片面性。例如,GDP不能体现出人们的健康状况、教育质量以及公共服务体系的完善程度等，更不能体现出婚姻的稳定、诗歌的优美等。种种批评的声音表明，GDP作为人们福祉的度量标准是多么的单调和乏味。因此，从发展战略目标定位的高度，对"GDP崇拜"偏向予以修正和校正，以推动国民经济持续健康发展，具有重要意义。而关于绿色GDP核算，就是在这个方向上的一个努力。

针对片面追求GDP存在的种种环境、社会问题，学者们提出了一些包含部分社会福利在内的替代指标。1990年的《人类发展报告》明确提出了包含教育、健康及收入三个维度的"人类发展指数"概念。除了健康与教育外，《人类发展报告》还着重强调人权以及人的能动性在政策、社会制度变革中的作用。人类发展指数突出了"经济增长是发展的手段，人类福利是发展的目的"这样的思想，充分体现了"以人为本"的发展观。然而，"人类发展"是一个多维度的概念，仅仅从上述三个方面来衡量人类发展是远远不够的，还需要从环境、公共治理、赋权以及主观心理福祉等方面来衡量。

1998年诺贝尔经济学奖获得者阿马蒂亚·森（Amartya Sen）批驳了以GDP或GNP（国民生产总值）的增长来衡量发展的狭隘观点，并将发展范式由促进经济增长转变为"扩展人们的可行能力"。Sen（1996，1999，2000，2002）认为，对"发展"的恰当定义，必须远远超越财富的积累和国民生产总值以及其他与收入有关的变量的增长。在这样的思想指导下，Sen提出了五种工具性自由：①政治自由，主要是指人们参政的机会，也包括监督执政当局、政治表达及出版言论的自由等；②经济条件，主要是指个体为实现消费、生产及交换等目的而享有经济资源的机会；③社会机会，主要是指个体获取社会教育、医疗保健的机会；④透明性保证，主要是指满足个体对公开性信息的需要，保证个体在信息公开、透明的条件下实现各种交易；⑤防护性保障，主要是指为弱势群体提供社会安全网，如失业救济、贫困补助等。

Sen 把福利从商品的稀缺性中解放出来，拓宽了"福利"的定义和范围，然而，针对美好生活的评估问题及能力方法的可操作性问题，Sen 因未能提供令人信服的方案而受到批判（Sugden，1993）。因此，为了更好地量化美好生活，Nussbaum（2001）尝试将 Sen 的能力方法（Capabilities Approach）融入幸福理论中。

Alkire（2002）认为，除了人类发展指数包含的教育、健康及收入三个维度外，至少还应包含就业、主体性和赋权、人类安全、体面出门的能力，以及心理和主观福祉。其中，心理和主观福祉一般是指心理上感觉到生活具有意义、能自我治理、能力的实现、关系需要的满足以及快乐感。并且，心理和主观福祉对人的发展具有明显的工具性价值和内在性价值，它是就业、主体性和赋权、人类安全、体面出门的能力四个维度的核心组成部分，更是这些维度的最终结果。

综上可知，人类社会发展的目标随着经济和社会的发展而不断变化，在经济发展的不同时期，人们对人类社会发展的目标也有着不尽相同的界定和理解。然而，幸福是发展的最终目标，是检验发展的最终标准，这一点是不变的。发展可以看作人们追求真实幸福的一个过程。经济增长、工业化、城市化，或个人收入的提升、社会福利的改善等，均是实现个体幸福目标的必要手段。然而，除了上述手段，实现个体的幸福还取决于其主观心理需要的满足程度等心理福祉，而不是某些特定的实现幸福的手段。

从单纯关注经济增长，到注重经济发展质量，再到重视人类发展，最终回归到了发展的本位——人们的幸福最大化，上述发展观的演化过程，至少给我们以下两点理论和实践上的启示。

第一，经济增长回归到幸福本位充分体现了"以人为本"的发展理念。从发展的角度研究幸福的积极意义在于，它促使人们从对"数字化""客观化"经济增长的关注，转移到对人的真实福利（作为有血有肉的人应有的积极的心理体验）的关注。正如亚里士多德所说，"财富只是有用，而且是因为其他事物有用"。同理，我们主张幸福是发展的最终目标，也是检验发展的最终标准，并非否定物质财富的积累在人类社会发展中的基础地位和作用，而是从人的真实需求意义上，摆脱将经济发展等同于经济增长的狭隘经济学视界，将经济增长作为发展的重要手段之一来对待，将它作为广泛实现人类的需求和幸福之必要条件和物质基础来推动。

第二，长期以来，我们一直坚持一个理念：经济增长了，人们就有钱了，人们有钱了自然也就幸福了。世界上大多数国家也基本上以提高 GDP 的增长率作为主要的经济发展目标。并且，联合国、国际货币基金组织等国际组织评估各国经济发展水平的核心指标依然是 GDP。在"GDP 至上"的发展理念下，技术日新月异，人们的收入不断增加，生活越来越便利，然而人们的幸福感不但未明显提升，反而在不断下降，收入和幸福悖论仍然是一个普世难题。面对幸福偏离经济增长的事实，我们不得不反思我们的发展思路：发展到底是为了经济增长还是为了广大人民的幸福？哪一个是发展的手段？哪一个才是发展的最终目的？

20 世纪末以来，人们逐渐意识到单纯追求经济总量的增长不是社会发展的最终目标，人类社会的发展需要寻找一个更为合理的发展方针和清晰的发展目标，针对这一点，现在基本上达成了普遍的共识。在这样的背景下，有必要提出发展的理念和发展的目标：国民主观幸福感。国民主观幸福感是经济增长和经济发展的终极目的和精神动力，而经济增长和经济发展是实现国民主观幸福感的前提和必要手段（Ng，1996；Frey and Stutzer，2002；Layard，2005）。Stiglitz 等（2010）认为，对于发展的衡量从测度经济生产转向测度国民幸福的时机已经成熟，这是因为 GDP 数据中所包含的信息与影响普通民众幸福感所涉及的信息存在巨大的鸿沟，这意味着有必要建立一套统计体系以测度国民幸福和国家的可持续发展能力，这是对市场活动测度的必要补充。

早在 20 世纪 70 年代，国民幸福指数就在不丹得到广泛应用，不丹 40 多年来追求国民幸福总值（Gross National

Happiness，GNH）的举动打破了以 GDP 为导向的发展模式的神话，为我们提供了一条全新的发展思路。经济合作与发展组织于 2011 年发布了一项名为"幸福指数"的在线测试工具，该工具包括 11 个因素：收入、就业、住房、教育、环境、卫生、社区生活、机构管理、安全、工作与家庭关系，以及对生活的整体满意度。在美国哥伦比亚大学地球研究所与联合国共同发布的全球幸福指数报告中，测算的标准涉及教育、健康、环境、管理、时间、文化多样性和包容性、社区活力、内心幸福感、生活水平九大领域，共 33 个分项。可见，关于幸福指数的测算，不仅是可行的，而且已在众多地方生根发芽，并取得了一定的成果。

二 国民幸福指标体系的实践与应用

（一）全球国民幸福指数

国民幸福指数主要用以衡量人们对自身生存和发展状况的感受和体验，也即人们的幸福感的评价或测量指数[①]。事实上，将幸福作为衡量标准纳入社会与国家发展规划之中不过半个世纪的历史。1972 年，不丹国王旺楚克率先提出"国民幸福指数"的概念，并据此衍生由经济增长、环境保护、文化发展和政府善治等要素组成的"国民幸福总值体系"。21 世纪以来，联合国开始公布人类发展指数，

---

① 郑方辉：《幸福指数及其评价指标体系构建》，《学术研究》2011 年第 6 期。

把发展内涵从单纯的 GDP 增长扩展到包括 GDP、居民人均寿命、健康状况和受教育程度等多维内容，英国、日本、韩国等国亦有类似的做法。2008 年初，法国邀请诺贝尔经济学奖得主约瑟夫·斯蒂格利茨领衔设计"幸福指数"，并将其引入社会经济发展的统计方法中。2010 年，英国国家统计局开始对幸福指数进行调查。2011 年，德国政府成立了"经济增长、幸福和生活质量"研究委员会，开发德国的"幸福指数"[①]。与 GDP 不同，幸福指数强调社会经济的可持续与均衡发展，可视为引导社会发展目标从 GDP 最大化向幸福最大化转变。

2011 年，民意调查机构盖洛普（Gallup）公布了全球幸福报告，称 2011 年全球近 1/4 的成年人认为自己的生活美满幸福。报告显示，全球有 17 个国家和地区超过半数的民众觉得幸福，而丹麦人民的幸福感最高，74% 的民众觉得幸福，其次是加拿大和荷兰，66% 的民众觉得生活幸福美满（见图 6-1）。

还有 25 个国家和地区只有不到 1/10 的居民觉得幸福。其中，柬埔寨的比例最低，仅有 2% 的民众觉得自己生活幸福；其次是科摩罗、老挝和多哥，感觉自己生活幸福的民众比例为 3%（见图 6-2）。

在亚洲，幸福感最高的三个国家是韩国、泰国和新加坡，幸福民众的比例分别是 50%、46% 和 34%。幸福感较

---

① 李军：《以国民幸福指数为导向的中国地方政府绩效考核评价体系研究》，山东大学博士学位论文，2013。

第六章　国民幸福指标体系实践经验借鉴 \ 171

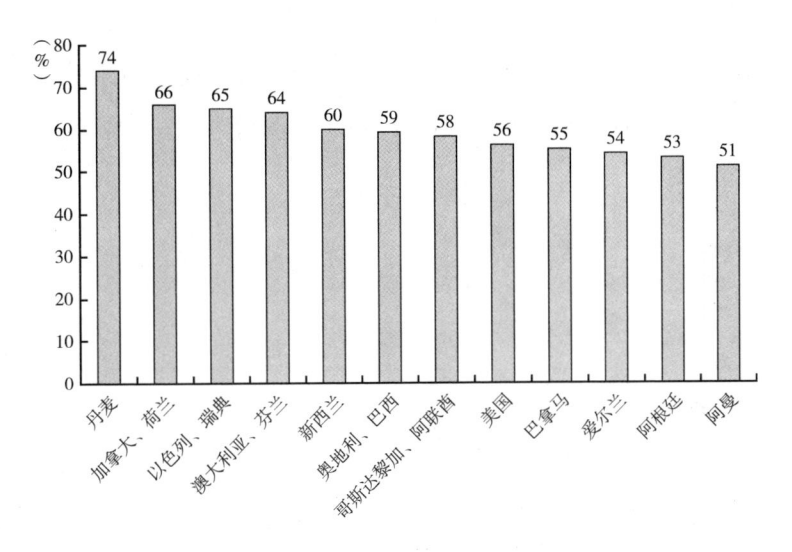

图 6-1　幸福感最高的国家

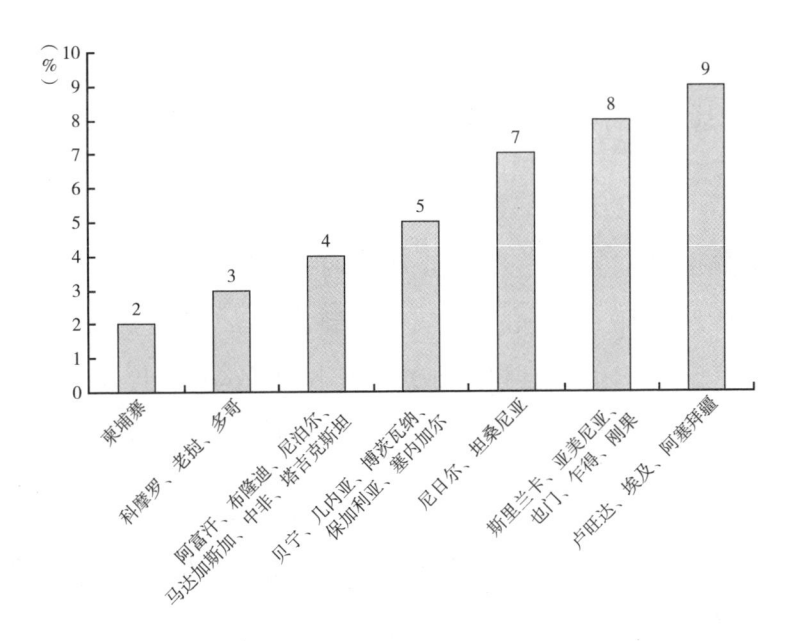

图 6-2　幸福感最低的国家

低的国家是印度、蒙古国和印度尼西亚,幸福民众的比例分别是11%、15%和15%。另外,18%的中国内地人认为自己幸福,中国台湾、中国香港的比例分别是31%和20%(见图6-3)。

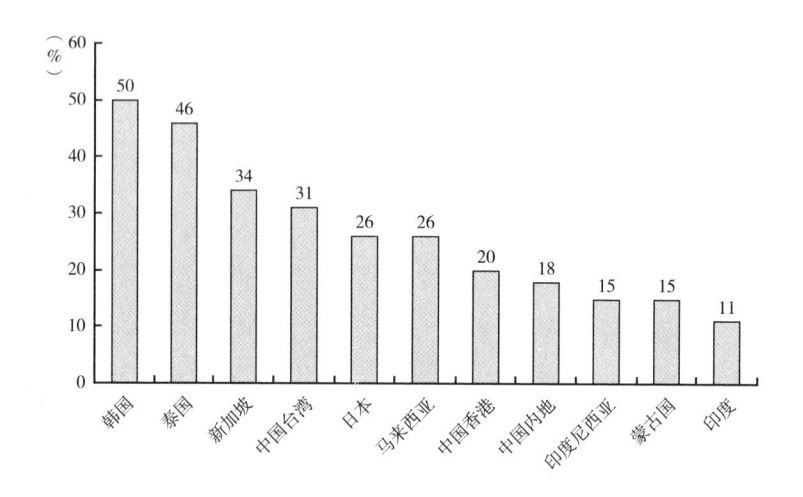

图6-3 亚洲部分国家或地区的幸福感

美国哥伦比亚大学地球研究所发布的《2013年全球幸福指数报告》显示,丹麦是2013年全球最幸福的国家,其次是挪威、瑞士、荷兰和瑞典;排名靠后的分别是多哥、贝宁、中非、布隆迪和卢旺达;中国排名第93位。该报告的标准涉及教育、健康、环境、包容性、内心幸福感、生活水平等领域。

(二)欠发达国家的国民幸福指标体系——以不丹为例

1972年,不丹国王旺楚克正式宣布以国民幸福总值大小作为政府计划成功与否的评价标准，并以此作为政策安排、制度安排的导向，成功地把幸福作为国家发展的目标，并付诸社会实践。经过40多年的实践和完善，国民幸福总值逐渐演变成该国清晰的治国理念和政策目标，近年来更是形成了一套独具特色的国民幸福总值测算体系，这一体系主要由四大支柱、九大领域、72个指标组成。国民幸福总值测算体系不仅被该国用作评价社会进步的重要工具，而且已经成为政府施政的重要导向，引起了各国决策者、有关国际组织和相关领域研究者的极大关注。不丹政府将所制定的国民幸福指标体系付诸社会实践，成功地提升了国民幸福总值。2004年联合国发布的《全球人类发展报告》显示，不丹的人均国民生产总值在192个国家或地区中排在第134位，而在2006年发布的《全球快乐排行榜》中，不丹却排在第8位。在2012年的《全球幸福指数报告》中，不丹的排名领先于美国、英国、法国、德国及日本等发达经济体。与这些发达经济体相比，不丹可谓"经济上的贫民、精神上的贵族"。在此，本书重点探讨不丹幸福的"秘诀"，为我国国民幸福指标体系的构建提供经验借鉴。

1. 幸福的四大支柱

在国民幸福总值理念的指导下，不丹在施政实践中逐渐形成了提升国民幸福总值的四大支柱（Pillars of GNH）。2002年发布的《不丹第9个五年计划：2002~2007年》，首次明确提出了四大支柱：经济增长与发展、文化遗产的保护与促进、环境保护与可持续利用、政府善治。后来，这四大支柱被进一步表述为：可持续的、均衡的社会经济发展，环境保护，文化保护与促进，政府善治[1]。

幸福支柱之一是可持续的、均衡的社会经济发展。不丹强调国民幸福总值，并非否定经济增长，而是在经济可持续发展的基础上，保证可持续的、均衡的社会发展。其经济可持续发展主要体现在农业政策、发展水电、工商业双翼齐飞、国家调控贫富差距四个方面。尤其是在工商业发展方面，其发展的目的不在于快速实现现代化、城市化，而是以就业为导向发展工商业，目的在于给居民提供更多的就业机会，使居民在社会中都能够找到自己的位置。在提倡上述经济可持续发展的同时，不丹进行了大规模的民生投资，有效地改善了居民的健康、教育状况，保障了经济社会的可持续发展。为了改善居民的医疗健康状况，不丹采取了三项措施：健全覆盖全民的医疗体系、改善饮用水、建立保障体系。这三项措施已付诸社会实践几十年，使得不丹初步建立了自己的医疗保障体系，大大改善了居民的健康状况。

幸福支柱之二是环境保护。多少年来，不丹人民把自然当作生命之源，使得不丹真正做到了经济、社会、环境及人的全面协调可持续发展。不丹在环境保护方面的力度比较大，共实施了九项措施：《宪法》规定"永远

---

[1] Thinley J. Y., "What does Gross National Happiness（GNH）Mean?", The Second International Conference on Gross National Happiness, Canda: St. Francis Xavier University, 2005.

保持至少60%的森林覆盖率"、一切经济发展都不能以破坏生态环境为代价、建立环保实验区、提高旅游价格以减少入境游客人数、不环保的企业就关闭、环保从改变生活方式开始以保证无塑料国家、为了全民健康全面禁烟、制定环境保护十大原则、自然是不丹的生命之源。其中,为保证"自然是不丹的生命之源",政府还提出了四项原则。

第一,通过合理的制度管理和实际行动保护森林、土地、水资源等,防止水土流失及自然灾害。

第二,有效地协作农业和林业生产,促进粮食、自然资源及能源的生产,增强资源的自给能力,减少进口。

第三,将全国的农业、林业生产纳入可持续管理,从宏观上调控、管理国内居民对粮食及其他经济作物的需要。

第四,充分发展林业生产,促进经济增长,增加就业及出口机会。

另外,为了有效地保护环境,不丹制定了环境保护十大原则,具体见表6-1。

由于全球变暖的影响,不丹在今后的30~50年内将面临荒漠化、耕地退化、水资源短缺等严重的生态威胁。不丹政府为防患于未然,在制定基于GNH的宏观政策时,将环境与生物的多样性视为影响当下国民和子孙后代幸福的重要因素,在环境保护方面取得了重大成就。目前,不丹超过26%的国土面积被辟为专门的野生动物保护区,森林覆盖率达到72%,而且其中绝大部分处于原始状态。

表6-1 环境保护的十大原则

原则	内容
权利与义务	任何人都有权利拥有安全健康的环境,且有义务保护和改善环境
代际均衡	现代的人必须保证给后代留下一个健康良好的生态环境
中间路线	经济发展与环境保护同等重要,不能顾此失彼
环境危害预警	任何项目开工前都要做环境评估
3R原则	减少(Reduce)、再利用(Reuse)与再循环(Recycle)
污染者付费	任何人污染了环境都要承担由此造成的一切损失、惩罚及后果
信息知情权	所有居民都有权获得环境状况及影响环境的活动信息
诉诸法律	任何公民的健康环境被损害都可以诉诸法律
国家主权权利	国家对管辖范围内的自然资源享有主权权利
付费原则	资源保护的利益和成本要在利用者之间均衡分摊

资料来源：易晓：《不丹GNH创造乐土》，南方日报出版社，2011。

幸福支柱之三是文化保护与促进。不丹传统文化的特征是少物欲、爱政府，但居民更在乎人际关系和睦，以及精神和心灵的追求与满足。不丹的传统文化使得居民能够找到归属感和认同感，有效地促进了居民主观幸福感的提升。国民幸福根植于不丹的传统文化。不丹还注重本土文化与外来文化的融合，如在强调继承传统文化的同时，不丹还强调全民必须学习母语和英语。文化遗产的保护，不仅可以为不丹居民提供强烈的认同感和价值感，而且可以在个人与社会之间建立起一种可以提供密切联系和强有力支持的有效的社会安全网络。特别是在不丹走向现代化的过程中，对个人利益的追求，会威胁家庭以及社区中人与人之间的亲密关系，而社会关系的广泛度和质量恰恰是一个人一生幸福的重要维系①。

幸福支柱之四是政府善治。不丹透明、廉洁的政府体系是其善治和民主的基础。首先，不丹廉洁的文化对腐败行为进行了道德规范约束；其次，不丹良好的反腐管理体系对腐败行为进行了制度约束。不丹于 2005 年颁布法令成立了反腐败委员会，并逐步建立了议会民主，将权力下放到基层，让广大人民大众参与管理国家事务。2008 年，不丹顺利实现了从君主制到宪政体制的过渡。不丹通过宪法来保证政治制度，以保卫国家的主权和人民的权利，借此建立起一套使人民和国家的利益都能得到最佳实现的治理体系。在这种制度安排下，政府及其所属机构必须竭力为国民提供诚信、负责和透明的服务，以最大限度地提升居民幸福感。

2. 幸福的九大领域

四大幸福支柱描述了不丹政府如何从国家政策层面提高国民的主观幸福感。然而，通过什么样的指标评价国家政策的效果？通过什么样的方式评价居民的主观幸福感及其变化状况？秉承让人们更幸福的宗旨，不丹集结了相关领域的专家学者，根据不丹的国情，分别从九大领域编制了一系列幸福问卷，测量、评价其国民的主观幸福感。这九大领域分别是心理幸福感、健康、教育、文化多样性及承受性、时间利用、政府善治、社区活力、生态多样性与恢复能力、生活水平。这九大领域分别由相关领域的专家小组负责。在这九大领域问卷的基础上，不丹于 2005 年编

---

① 邢占军：《不丹的国民幸福总值测算与启示》，《东岳论丛》2013 年第 6 期。

制了国民幸福问卷，2007年，不丹研究院又编制了官方国民幸福问卷。2005～2010年，历时五年，不丹发展研究院先后进行了两次全国性的调查，在不断的调整与完善中，开发出了一套比较成型的用于测算不丹国民幸福总值的指标体系。不丹最新发布的国民幸福总值测算结果，是在不丹发展研究院2010年4～12月实施的一项全国范围的大规模抽样问卷调查的基础上完成的。问卷建立在九大领域的基础之上，包含33项指标[1]，其福利范围涵盖了居民客观物质福利和主观心理福祉。

（1）心理幸福感（Psychological Well-being）

不丹国民幸福总值指标体系中的心理幸福感采用的是美国著名幸福感研究者爱德华·迪纳（Edward Diener）对"心理幸福感"的定义：心理幸福感是一种内在评价与期望的存在状态[2]。心理幸福感除了主观幸福感中的生活满意度、正向情感和负向情感三个指标外，还增加了一个指标：精神性（Spirituality）。根据国民幸福总值理念，精神因素是不丹国民幸福的基础，无论是个人还是社会都需要为充分发展精神潜能而持续不断地努力。心理幸福感主要包括生活满意度、心理压力、居民的精神信仰及情感状况四个方面[3]。

（2）健康（Health）

健康领域既包括身体健康，也包括心理健康。根据国

---

[1] Ura K., Alkire S., Zangmo T, and K. Wangdi, "An Extensive Analysis of GNH Index", The Centre for Bhutan Studies, Thim-phu, 2012, pp. 123 – 174.

[2] Diener E., Suh E. and S. Oishi, "Recent Findings on Subjective Well-being", *Indian Journal of Clinical Psychology*, 1997, 24, pp. 25 – 41.

[3] 易晓：《不丹GNH创造乐土》，南方日报出版社，2011年。

民幸福总值的理念，一个生理和心理均健康的人，有能力面对生活的机遇和挑战，并且能够使自身维持一定的机能水平，从而对幸福感产生积极的影响[1]。不丹指标体系中的健康领域包含 4 个指标：自评健康状态（Self-reted Health Status）、健康天数（Healthy Days）、长期残疾（Long-term Disability）和心理健康（Mental Health）。

自评健康状态采用的是单项目健康自评量表，要求被调查者在一个从"极好"到"极差"的五等级自评健康量表上对自己的健康状况做出评价。对健康天数的测量，要求被调查者报告自己在过去一个月里拥有健康的天数。对长期残疾的测量，首先要求被调查者回答自己是否患有历时 6 个月以上的疾病。如果被调查者回答"是"，则继续用五等级量表提问"这种疾病是否限制了你的日常活动"。不丹指标体系对心理健康的测量采用的是一般健康问卷（General Health Questionaire，GHQ-12），该量表共有由 12 个项目到 60 个项目组成的五种不同的版本，要求被调查者回答自己在过去的 4 周里是否体验过某些症状或者有过某些行为[2]。

（3）教育（Education）

教育领域主要体现在个体对国家传统文化的了解、公民常识、生态常识、健康知识等方面，以及对学校教育质

---

[1] Ura K. and T. Zangmo, "An Approach to the Indicators of GNH, the Regional Conference on Revitralizing Primary Health Care", Jakarta: World Health Organization, 2008.

[2] Goldberg, D. P. and B. Blackwell, "Psychiatric Illness in General Practice", *British Medical Journal*, 2006, 2, pp. 438-443.

量及教育环境的评价。不丹《宪法》规定，国家将努力提供教育，通过实施旨在促进人格全面发展的教育来改善和增进全部人口的知识、价值和技能。在学校之外，社区和家庭也发挥着重要的教育功能。不丹指标体系中的教育领域包含识字（Literacy）、学历（Educational Qualifications）、知识（Knowledge）和价值（Values）4个指标。

识字主要是指一个人是否能够用英语、不丹语或者尼泊尔语中的任何一种语言进行读写。考虑到不丹的教育体系目前存在多种形式——正规教育、非世俗教育（如寺庙学校）和非正规教育，不丹指标体系中的学历指标包括国民接受正规教育、寺庙教育和非正规教育的年限，在2010年的调查中6年被设置为该指标的下限。知识所考察的内容包括从正规教育和非正规教育渠道获取的知识，不丹指标体系设计了5个变量对该指标加以测量，分别是当地传说和民间故事方面的知识、当地节日方面的知识、传统歌曲方面的知识、艾滋病传播方面的知识、宪法知识，要求被调查者用五等级量表对自己的知识状况做出评定，该指标的得分范围为5~25分。价值指标设计了五种破坏性行为，包括谋杀、偷盗、撒谎、制造人际关系的不和谐、不正当的性行为，要求被调查者对这些行为的正当性做出判断[①]。

（4）文化多样性及承受性（Cultural Diversity and Weight-bearing）

文化多样性及承受性主要考察受访者对传统文化的认

---

① 邢占军：《不丹的国民幸福总值测算与启示》，《东岳论丛》2013年第6期。

同感，问卷涵盖身份认同、传统文化形式、核心价值及语言等多方面。在不丹，独具特色的文化被视为记忆、保持、传播和传承文化遗产的重要媒介。不丹指标体系中的文化多样性及承受性领域包含语言（Language）、工艺（Artisan Skills）、文化参与（Socio-cultural Participation）、行为和着装（Driglam Namzha or the Way of Harmony）4个指标[1]。

语言指标考察的是国民理解和使用母语的能力。不丹是一个使用多种语言的国家，共有19种不同的语言。其中，不丹语是国民对国家认同的重要象征。语言指标采用单项目自陈量表，要求被调查者对自己使用母语的流利程度进行四等级评价。

工艺在不丹得到了很好的传承和保护，目前不丹共有13种重要的工艺技能，包括编织、刺绣、绘画、木工、雕刻、泥塑、铸造、锻造、藤竹工艺、金银饰品制作、石工、皮革加工、造纸。在测量工艺指标时，要求被调查者回答掌握上述不同门类工艺的数量。

文化参与指标主要考察居民在过去一年里参与各种社会文化活动的天数。

行为和着装指标考察的是国民在正式场合是否能够遵循合乎规范的饮食、着装和行为方式。该指标包含两个分指标：对行为和着装规范重要性的认识、对过去几年里行为和着装方面变化的感知。对这两个分指标的评价均采用

---

[1] 易晓：《不丹GNH创造乐土》，南方日报出版社，2011。

了三等级量表①。

（5）时间利用（Time Use）

时间利用领域主要考察个体对工作时间及业余时间的利用，通过考察个体对工作和业余活动的安排，判断其生活是否充实、是否有意义。有偿工作、无偿工作以及闲暇之间是否平衡，是影响幸福的重要因素。时间利用方面的数据，有助于理解一个人在24小时之内如何安排自己的时间，可以用来分析他在工作与生活之间是否达到某种平衡。在不丹的国民幸福总值调查中，要求被调查者填写一份简单的时间日志，让他们回顾接受调查的前一天所从事的各种活动。对于所涉及的每一项活动，都要求被调查者提供其持续的时间。在对国民幸福总值进行测算时，不丹只考察了时间利用领域中的2个关键指标：工作时间（Working Hours）、睡眠时间（Sleeping Hours）②。

（6）政府善治（Good Governance）

政府善治领域包含4个指标：政治参与（Political Participation）、政治自由（Political Freedom）、服务提供（Service Delivery）、政府绩效（Government Performance）③。

积极的政治参与会给人们带来自主感和自由感，进而使人们体验到更多的快乐。通过政治参与，人们还可以增长相应的知识，提高能力。政治参与指标的测量包含2个次级指标：参加下次大选投票的可能性、在过去一年里参

---

① 邢占军：《不丹的国民幸福总值测算与启示》，《东岳论丛》2013年第6期。
② 邢占军：《不丹的国民幸福总值测算与启示》，《东岳论丛》2013年第6期。
③ 易晓：《不丹GNH创造乐土》，南方日报出版社，2011。

加不同层面社区会议的次数。不丹《宪法》对公民享有的基本权利做了相应的规定。

政治自由指标主要是围绕公民是否感受到拥有行使这些基本权利的自由而设计的。这些基本权利包括言论和意见表达的自由、投票的权利、按照个人意愿参加党派的权利、结社的权利、公平地拥有机会和享受公共服务的权利、同工同酬的权利以及不受种族、性别等歧视的权利。

服务提供指标考察的是各类公共服务目标的实现程度，根据国民幸福总值的理念，政府的核心职能是为人民提供基本的公共服务。服务提供指标具体包括4个次级指标：与最近的医疗机构的距离、垃圾处理方式、是否通电、饮用水供给及质量。

政府绩效指标采用的是主观评价，要求被调查者对过去一年里政府在七个方面的善治目标实现情况做出五等级主观评价。这七个方面包括授权、公平、教育、健康、反贪污、环境和文化[1]。

(7) 社区活力 (Community Vitality)

社区活力领域重点考察的是受访者能否从社区得到帮助或精神寄托，以及受访者对社区的贡献两方面。不丹评价指标体系编制者在社区活力领域设计了4个指标：社会支持 (Social Support)、社区关系 (Community Rela-tionship)、家庭 (Family)、犯罪受害者 (Victim of Crime)。

社会支持指的是社区或者某个社区成员所接受的由志

---

[1] 邢占军:《不丹的国民幸福总值测算与启示》,《东岳论丛》2013年第6期。

愿者和捐赠者提供的支持。志愿行动和捐赠行为会促进社区成员之间的互动,并强化社区的关系纽带作用。对社会支持的测量,采用的是直接询问被调查者从事志愿活动的天数,以及在过去一年里捐献财物的总量。对社区关系指标的测量采用了2个分指标:归属意识和对邻居的信任。对家庭的测量采用了6个反映家庭关系的问题,每个问题都要求被调查者做出三等级评价,该指标的得分范围为6~18分。犯罪受害者指标是一个体现社区安全感的指标,要求被调查者就自己在过去一年里是否成为犯罪受害者做出回答[1]。

(8)生态多样性与恢复能力(Ecological Diversity and Resilience)

生态多样性与恢复能力考察的内容主要体现在公民的环保意识,环境与生产、生活的关系,以及受访者对政府环境政策的意见三个方面。在具体的指标设计上,这一领域具体包含4个指标:污染(Pollution)、环境责任(Environmental Responsibility)、野生动物(Wildlife)、城市问题(Urban Issues)。

污染指标主要通过8个与环境有关的问题来反映,要求被调查者通过四等级(从"特别关心"到"根本不关心")量表做出选择,该指标的得分范围为8~32分。

环境责任指标旨在测量个人对环境所承担责任的感受。

---

[1] Ura K. and T. Zangmo, "An Approach to the Indicators of GNH, the Regional Conference on Revitalizing Primary Health Care", Jakarta: World Health Organization, 2008.

该指标要求被调查者在一个单项目的四等级（从"责任很大"到"根本没有责任"）量表上做出选择。

野生动物指标考察的是野生动物对人类带来的危害。对这一指标的测量，主要采用了2个次级指标：作物是否受到过野生动物的破坏、作物受到破坏的程度。后者采用的是四等级量表。

对城市问题的测量主要通过被调查者就其对4种城市问题是否感到担忧做出选择，这4种城市问题分别为交通拥堵、绿地不足、步行街缺乏、城市扩张。

（9）生活水平（Living Standard）

生活水平主要体现了受访者的物质生活质量，调查内容包括家庭收入、支出、债务及资产等方面。生活水平领域主要包括3个指标：家庭收入（Household Income）、财产（Assets）及居住质量（Housing Quality）。

家庭收入指的是所有家庭成员通过各种途径取得的全部收入，采用的是人均指标。财产指标包括3个次级指标：家用电器（包括移动电话、固定电话、个人电脑、电冰箱、彩色电视机、洗衣机）、家畜拥有量、土地拥有量。居住质量指标包含3个次级指标：房屋建筑材料的类型、卫生间的类型、房屋比[①]。

国民幸福指数计算方法[②]如下。

国民幸福指数 = 收入的递增／基尼系数 × 失业率 × 通货膨胀

[①] 邢占军：《不丹的国民幸福总值测算与启示》，《东岳论丛》2013年第6期。
[②] 《不丹启示：用国民幸福总值替代GDP》，《金融博览》2011年第4期。

其中，基尼系数反映的是收入分配公平性、测量社会收入分配是否公平的指标。

$$国民幸福指数 = 生产总值指数 \times a\% + 社会健康指数 \times b\% + \\ 社会福利指数 \times c\% + 社会文明指数 \times d\% + \\ 生态环境指数 \times e\%$$

其中，a、b、c、d、e分别表示生产总值指数、社会健康指数、社会福利指数、社会文明指数和生态环境指数所占的权重，具体权重的大小取决于各政府所要实现的经济和社会目标。

不丹成立了具有统计学背景的专家小组对问卷抽样调查数据进行回归分析、交叉分析等统计分析，进而得出居民在哪些领域是满足的、哪些领域是短缺的，为下一步的政策研究和制定提供数据支撑。同时，国民幸福指标体系也可以作为贫困的评价标准。若是被调查者在九大领域基本上能得到满足，则其就是幸福的，也即处于贫困线之上；反之，若被调查者在九大领域基本上没能得到满足，则其处于贫困线之下。显然，相比单一的收入贫困线，幸福指标体系有着很大的优越性，这对贫困问题的研究，尤其是贫困多维度度量问题的研究具有很大的启发和实践意义。

从关注国民幸福总值，到幸福四大支柱，再到国民幸福指标体系，不丹成功地将幸福发展理念付诸实践，体现了不丹宏观治国的理念。不丹的幸福发展理念最大的贡献是把幸福的四大支柱纳入政府施政的核心目标，把幸福作为发展的最终目标。不丹政府以四大支柱支撑起幸福之厦，创建了举世瞩目的奇迹。30多年来，不丹的确取得了令人惊羡的发展成果。为了追求公平的发展，不丹为全民提供了免费医疗福利和教育福利；为了保护环境，不丹不进行急功近利的开发，譬如不丹有丰富的森林资源，却自觉地不把开采森林资源作为推动GDP增长的亮点[①]。

不丹打破了传统意义上"GDP至上"的发展模式，坚持走以国民幸福为导向的可持续的经济社会发展模式，不仅实现了经济的高速增长，而且有效地保护了自然资源和传统文化资源，更重要的是提高了国民的健康水平和教育水平，丰富了人们的精神文化生活，真正实现了经济发展与国民幸福的双重目标。

（三）发达国家的国民幸福指标体系

1. 全球最幸福的国度——以北欧国家为例

2012年，联合国与美国哥伦比亚大学共同发布《全球幸福报告》，通过比较全球156个国家和地区人民的幸福程度发现，幸福得分排在前3位的都是北欧国家。其中，丹麦是全球最幸福的国家，居民平均幸福水平得分近8分（10分制）。虽然幸福的国家倾向于富裕的国家，但收入与幸福之间并不存在必然联系。例如，2012年美国的国民生产总值较1960年增加了3倍，而美国居民的幸福指数仅排在第11位。该报告显示，良好的精神状态、稳定的家庭婚姻关系、有保障的工作及健康的身体状况等对居民的主观

---

① 《不丹启示：用国民幸福总值替代GDP》，《金融博览》2011年第4期。

幸福感起着关键性的作用。尤其值得注意的是，失业给居民带来的不幸福程度，和失去亲人一样让人难以忍受，而工作稳定与和谐、融洽的办公室关系比薪酬和工作时间更为重要。

为何一些发达国家出现了经济增长与幸福感提升不一致的幸福收入悖论现象，而北欧却实现了经济增长与居民主观幸福感同步提升的发展目标呢？首先，这得益于北欧国家较高的经济增长水平，从20世纪60年代开始，北欧成为世界上经济最发达、福利最完善的地区之一。其次，这与北欧国家完善的社会保障体制密切相关。北欧国家是典型的福利国家，采用全民社会保障模式，保障范围包括教育、住房、医疗保险和妇幼保健、养老金、失业救济、职业事故保险等领域，覆盖了人生的各个方面与各个时期，可谓"从摇篮到坟墓"编织了一张规避各种社会风险的安全网，这与北欧实施的高福利发展政策[1]，尤其是北欧各国在维护公民尊严、尊重公民的个人自由、环境保护、社会公共服务等方面大都走在世界的前列。在此，本书重点介绍幸福水平最高的丹麦的幸福经验，以及典型的福利国家瑞典的幸福经验。

（1）丹麦经验

20世纪70年代以来，丹麦的人均收入一直处于世界人均收入的前列，2015年IMF《世界经济展望》显示，丹麦人均国内生产总值达到60564美元，居世界第6位。"高

---

[1] 金宽：《北欧人为何如此幸福》，《理论导报》2013年第11期。

收入"是丹麦居民享受各种社会福利的前提和保障。

丹麦的高幸福水平与其实施的"高福利、高税收"发展模式密切相关。在丹麦，大约72%的税收用于投资国家的各项福利，所有的纳税公民都可以享受各种社会福利，如失业救济、老弱公民救助、政府养老金、教育、科研及医疗保健等。丹麦社会保障的特征是很少依靠雇主缴纳的税款和被保险者的直接税款，获得自主的权利由以前的职业来决定。丹麦社会总支出的2/3是由国家通过税收和关税提供的，而政府将收缴的税收的40%用于社会福利，13%用于教育和科研，9%用于医疗保健，6%用于住房和环境保护，其余的大约30%用于政府其他各项行政开支，如行政管理、商业发展、交通、防务、援助发展中国家等①。

丹麦的社会政策指导原则是"所有的人都有权享受起码的生活水准"，在此原则基础上建立起来的社会保障制度具有以下特点。①社会保障的普及性。每个丹麦公民都享有接受社会保障和各种福利的权利，无论他或她是否曾经通过劳动和纳税对社会做出过经济贡献。②社会服务的全面性。在丹麦，参与经济活动的人口比例，特别是妇女参加工作的比例越高，社会对公共服务，如托儿服务、老人服务等的需求就相应地越高。丹麦每年将5%的国民生产总值用于老人和儿童的服务。③政府的高度重视。在丹

---

① 陶冶：《丹麦社会福利制度运行机制对中国的启示》，《现代商贸工业》2012年第9期。

麦，大部分社会福利服务由政府执行，由直接或间接的税收资助。丹麦的社会再分配政策很有成效，只有4%的丹麦家庭生活在贫困线以下，而贫困线的标准是"适宜的条件"，贫困的阈值包括是否有带厨房、卫生间、洗澡设备的住房，以及冰箱、电视、交通工具等现代生活必需品，达不到这些条件的就称为贫困，可以得到政府的资助。④地方政府的作用。丹麦地方政府有执行全国社会政策的责任，同时享有政治经济社会的自主权，可以征收地方税，决定地方社会政策[1]。

普遍性是丹麦社会福利和社会保障政策的一个重要原则，丹麦的社会福利和社会保障范围十分广泛。丹麦的社会保障内容包括各种社会转移支付、多种服务和照顾、对特殊人群的社会措施、健康服务和医院、住房政策以及教育和培训等。丹麦的社会福利体系不仅涵盖养老保险、医疗保健、失业救济等关系到居民切身利益的社会福利，而且包括特殊群体的社会福利，如儿童及青少年的福利、孕产期的社会福利等。社会福利和保险涉及人从出生到老年的全过程，以此保证丹麦人人都能够过上富裕的生活，全体公民在生病、失业以及年迈的情况下仍能享有住房、各种服务以及社会安全等基本权利。

养老保险制度是丹麦社会福利政策的核心，丹麦以"让所有丹麦公民退休后有生活保障"为宗旨，消除了公

---

[1] 周弘：《丹麦社会保障制度：过去、现在和未来》，《中国农村观察》1996年第2期。

民的"后顾之忧"。丹麦的老年福利政策主要由四部分组成：养老金制度、弹性退休政策、住房政策和关怀政策。其中，养老金制度覆盖了所有丹麦退休人员，根据相关法律，凡是年满67岁的丹麦公民，均可以领取政府养老金，而无论其是否缴纳社会保险税。弹性退休政策是指允许60~70岁的劳动者根据自己的需要逐渐减少工作时间，政府对因此而减少收入的老年人予以补贴，使老年人有一个从半退休到完全退休的过渡过程。丹麦老年人住房法案规定：地方政府负责老年人住房的建筑和管理。老年住房包括老年公寓、养老院、疗养院和老年人收容所，以此保障每个老年人的住房权利。关怀政策针对的是全体老年人，无论经济状况、身体状况还是居住地点的差异，丹麦老年人都可以享有周到而全面的免费关怀服务。服务的基本内容包括医疗护理和家庭服务，医疗护理主要由普通全科门诊、专科门诊和家庭护理组成，家庭服务的主要内容有家务劳动、个人卫生和病人照料等[①]。在养老社会保障职责方面，不丹中央政府负责相关养老保险政策的制定，确定实施标准，而地方政府承担具体政策的实施，并有权根据具体情况进行福利立法。

丹麦在失业救济方面可称得上是欧洲失业津贴最高的国家，而事实上，丹麦却是一个失业率较低的国家。丹麦政府成立就业指导中心，为失业者制订相应的技术培训和再就业计划，以鼓励、指导失业者再就业。2010年丹麦的

---

① 千叶：《丹麦的社会福利》，《社会福利》2003年第9期。

财政改革方案提出，在过去三年里工作满52周的失业者，就能够在未来两年里领取到相当于本人之前平均收入90%的津贴。

另外，丹麦的医疗体系几乎涵盖了所有居民（包括长期居住在丹麦的外国人），无论居民是否就业，凭借个人医疗卡便可享受免费的医疗和医院护理。丹麦于2011年通过的"家庭津贴"修正案，将"家庭津贴"修改为"儿童及青少年津贴"。议案规定，每个0~17岁的孩子根据其年龄阶段每年可以获得的津贴近1.7万丹麦克朗（约3255.5美元），或1.35万丹麦克朗（约2585美元），或1.06万丹麦克朗（约2030美元），其中年龄越大的儿童获得的津贴越少。除此之外，不丹儿童可以免费接受各种教育，在校学生每月可以领取生活津贴。

丹麦的社会福利体系覆盖范围广泛，面向的群体是不丹全体公民，无论是贵族还是贫民，所有居民都能"学有所教，病有所医，老有所养"，自然，这种完善的社会福利制度是居民幸福的源泉。

（2）瑞典经验

与丹麦的"幸福秘诀"一样，瑞典典型的社会福利制度是公认的。相关统计表明，瑞典30%左右的国民收入用于社会支出。瑞典实施的是"从摇篮到坟墓"的社会福利制度，在这样的制度体系下，公民从出生到终老，都可以享受各种社会福利制度，且所有的社会福利制度均有立法保障，当公民的社会福利出现不均等或社会权利遭到侵犯时，公民有权向"地方公共保险法院"或"高级公共保险法院"起诉。

瑞典是建立社会保障制度比较早的西欧国家之一,被公认为福利国家的典型。瑞典社会保障制度的建设最早可以追溯到19世纪后期。1884年,瑞典会议第一次讨论社会保障问题,并于1891年制定了瑞典最早的一部社会保障法——《自愿健康保险计划》。1901年颁布强制执行的《工伤保险条例》,1913年出台《养老保险法》,1931年实施疾病补贴等。1932年社会民主党执政后,瑞典开始大力推动社会福利建设。20世纪50年代,瑞典开始按"福利国家"模式改造原始社会保障制度。从实践来看,瑞典采取的福利国家模式以《贝弗里奇报告》为依据,充分贯彻了社会保障的普遍性和统一性原则[1]。瑞典的社会福利覆盖面大,涉及内容广泛,渗透于生命过程的各个阶段,是一种"从摇篮到坟墓"式的全方位社会保障。

新生婴儿从出生起,瑞典便给予了"特殊"的生活津贴。例如,新生婴儿的父亲有权享受9个月的"产假",婴儿的母亲有权全薪在家照看孩子。儿童从半岁到6岁期间可以去不同形式的儿童看护机构,看护机构费用分为两部分:一部分是每个家长都必须缴纳的儿童伙食费;另一部分是孩子的看管费用,对于家庭困难或收入较低的家庭,该部分费用给予减免。在孩子满16周岁以前,父母均可获取生活津贴,对于年满16周岁的孩子,如其完成9年义务教育之后继续深造,仍可获得学习津贴。

---

[1] 李连芬、刘德伟:《瑞典社会保障制度改革》,《创新》2015年第5期。

瑞典社会保障制度的核心内容是社会保险制度，而养老保险制度是社会保险制度的重要组成部分。瑞典的养老制度几乎覆盖了瑞典所有的老年人口，养老金分为基本养老金、补充养老金和一般养老金三类[①]。瑞典退休公民自退休之日起，就可以到当地社会保障局领取基本养老金。瑞典的养老费用主要由国家负担。雇工和雇员不需要缴纳保险税，而雇主则要缴纳47%的工资税，政府负担基本养老费用总额的55%。瑞典实行高税收政策，退休金待遇标准也由国家统一规定。瑞典人必须缴纳30%左右的所得税，购物时还要缴纳25%的增值税。据估算，目前瑞典用于养老保障的开支已经超过国内生产总值的20%。这种由征税方式代缴保险费的好处在于具有强制性，负担公平，有利于提升社会保障的社会化程度。

瑞典公民的医疗费用和医药费大部分由国家负担。瑞典社会保障法规定，政府有义务向全国居民以及瑞典籍居民提供医疗保险和医疗服务。一个家庭将自己正式收入的一部分缴纳社会医疗保险后，全家均可以享受医疗保险待遇。缴纳医疗保险的民众，在医疗费用和治疗费用上享受优惠。若病人需要抢救，则这部分医疗费用全免；需要入院治疗者，医疗和治疗的费用由地方医保局直接交付给医疗机构，病人的住院费和伙食费全免。病人在病假期间，可根据病假的长短享受不同数额的病假补助，补助数额为

---

① 张彩琴：《北欧国家的社会保障制度》，《社会工作》1996年第2期。

工资的 75%～100%[①]。

瑞典的工会及和谐的劳资协商形式，为保护劳动工人的权利提供了强有力的后盾和保障。瑞典法律规定，劳工每周工作的时间是 40 小时，所有劳工均有权享受每年至少 5 周的带薪假期。2007 年欧洲生活和工作状况促进基金会的调查报告显示，在欧洲，瑞典劳工每年的带薪假期是最多的，平均而言，瑞典劳工每年的带薪假期是 33 天，德国和丹麦是 30 天，英国是 24.6 天，爱沙尼亚仅 20 天。按每周的工作时间计算，瑞典的工作时间也是较少的（38.5 个小时），仅次于比利时、芬兰和法国。另外，针对失业群体，瑞典根据其失业的时间来确定失业救济金的数额。且政府成立了专门的职业中心，为失业群体提供就业信息、职业培训等，以增加失业群体再就业的机会。

当发展中国家在发展经济与环境保护之间进行权衡时，瑞典却实现了经济发展与环境保护的双重目标。瑞典是世界上最早认识到环境问题并将环境问题纳入政府重要事务的国家之一。早在 1964 年，瑞典就颁布了第一部环境保护法律，1967 年又成立了环境保护部，进一步巩固了环境保护在整个社会经济发展中的地位。在环境保护的实施过程中，政府各部门各司其职，经过多年的环保实践，逐渐形成了较为成熟的指导思想体系：一是污染者付费原则；二是小心原则，若没有足够的理由证明排放的物质不会对环

[①] 李军：《以国民幸福指数为导向的中国地方政府绩效考核评价体系研究》，山东大学博士学位论文，2013 年。

境造成影响，就要对该排放物加以约束和控制；三是最先进原则，在经济条件允许的情况下，尽量采用最先进的环境治理技术；四是替换原则，尽量使用对环境影响较小的物品；五是自然和人的承受能力原则，充分考虑环境容量。可见，瑞典环境保护成功的关键在于政府的重视和支持，在于法律体系的有力保障。

在住房方面，瑞典本着让每个人都能获得一处比较宽敞、舒适、环境优美的住所的原则，瑞典有150万居民居住在由300家公司经营的80万套公房中，占瑞典全部住房的21%，且瑞典居民的住房数量和质量已跻身世界最高行列。

丹麦、瑞典居民幸福的源泉主要在于国家完善的社会福利体系，且政府制定相关法律赋予居民享受各种社会福利的社会权利。这样，每个人从出生起，国家就会对其人生进行"打包"，对其负责到底，彻底解决了个人的生存难题，为个人在教育、职业等方面的发展提供了广阔的空间和良好的平台。可见，发达的经济是实现居民幸福的重要手段，但绝不是最终目标，提高居民的真实福利、实现居民幸福水平的最大化，才是社会发展的最终目标。

2. 东亚的"快乐鸿沟"——以新加坡为例

在过去的几十年里，新加坡不仅创造了世界经济奇迹，而且始终保持着经济增长的活力，新加坡的经济增长活力明显领先于其他大多数发达经济体。2012年底，盖洛普调查显示，新加坡的人均国民生产总值在"世界富国排行榜"上排在第5位，而盖洛普对148个国家和地区居民主观幸福感进行的调查表明，新加坡的主观幸福感却排在最后一位。Ng（2003）将包括新加坡在内的东亚地区（主要是指中国的香港与台湾地区、新加坡、韩国及日本等）的经济增长与居民幸福不一致的现象称为"快乐鸿沟"或"幸福鸿沟"。新加坡经济发展稳健，社会风气持续良好，环境优美，人民生活富足，为何如此富足的新加坡居民自我报告的幸福感如此低呢？

首先，在新加坡乃至整个东亚，人与人之间的竞争非常激烈，这或许是新加坡经济能够取得成功的重要原因之一。然而，过于追求竞争，很可能是造成个人或整个社会不快乐的重要原因（Ng，2003）。的确，一个社会的发展需要一定的竞争，而过度地竞争会增大人们的心理压力，使得居民主观上感觉不快乐。一个具有充分竞争性的环境总是有利于那些有能力的群体，这些群体又进一步提升了社会的整体竞争力，从而形成一种循环，使得社会竞争力一代一代地加强下去。显然，这种循环会使人们产生强烈的攀比心理和生活压力，即使人们的物质生活再富足，竞争、攀比心理导致的心理压力也会使其主观上感觉不幸福。

其次，新加坡长期执行的"无福利"政策给居民带来了工作和养老压力。与北欧国家一样，新加坡也建立了完善的社会保障体系，不同之处在于，除了要向政府缴税外，新加坡的每个居民都要用自己的收入支付医药费、房贷及养老金。面对高昂的生活成本，新加坡居民的"高收入"并不足以负担其生活成本，尤其是退休之后的生活成本。在新加坡随处可见六七十岁的老人在辛苦工作，从成年后就面临激烈的竞争，一直到年老，还在辛苦工作，在这样的环境下，居民的主观不幸福程度可想而知。

最后，新加坡的通货膨胀率居高不下，尤其是房价飞涨，这些因素大幅度提升了居民的生活成本。新加坡2011年的平均通货膨胀率高达5.2%，尤其是核心通货膨胀率居高不下。交通成本、居住成本的增加，再加上食品、电等生活必需品价格的迅速上涨，都直接关系到居民的切身利益。2010年上半年新加坡的房价上涨38%，排名世界第一。天价房价必然引起新加坡居民，尤其是年轻群体的忧虑和不满。虽然政府组织的廉价租房的价格涨幅较低，但对于大多数已经习惯了享受政府廉价租房的新加坡居民来说，仍是难以接受的。

可见，尽管高收入不能大幅度提升人们的主观幸福感，但经济增长只是实现人们幸福的重要条件，绝不是唯一条件。除了经济增长，人们生活质量的提高还要求政府在那些能切实改善居民真实福利的领域进行高投入，如改善人们的社会保障体系，为居民提供充分的发展空间，远比追求快速增长的GDP重要。

值得注意的是，各国已开始编制自己的"幸福指数"。德国拟将民众幸福指数引入国民经济统计中，至于如何统计，将由新成立的专门委员会来探讨。该委员会建议，要把教育、环境、生活品质等更多人性化指标融入统计中。项目负责人、德国社会民主党议员达妮埃拉·科尔贝认为，新的统计办法会为政策制定者提供更好的向导，告诉他们我们的社会到底怎么样，民众的生活状况是比过去好了还是更糟。英国国家统计局正在设计新的统计办法，用以评估英国社会的"总体康乐"状况。法国总统萨科齐2009年邀请诺贝尔经济学奖获得者约瑟夫·斯蒂格利茨设计将幸福指数引入法国社会经济统计的方法。美国、荷兰、日本等发达国家也都开始了对幸福指数的研究[①]。

三 国民幸福指标体系的实践经验和启示

从不丹的"经济上的贫民、精神上的贵族",到北欧的"物质富裕、精神快乐",再到东亚的"快乐鸿沟",可以看出,主观幸福感作为一种执政理念,逐渐引起了世界各国的重视。不丹政府在幸福理念的指引下,推进民主,改善民生,保护环境,成功地走上了经济、社会、环境与居民幸福可持续发展的道路。北欧诸国推行"高福利",通过完备的社会保障体系,解决了居民的生存问题,为居民提供了广阔的发展空间,使得居民生活富裕,精神愉悦。而新加坡在经济与居民快乐上的得失也充分说明了改善居民的社会物质福利,尤其是教育、医疗、社会保障等与居民切身利益密切相关的利益,是实现国民幸福的关键。

我们从已有的国民幸福指标体系中得到的经验和启示至少包括以下三个方面。

第一,实现国民经济与国民幸福同步增长才是发展的最终目的。世界发达经济体,如美国、日本、德国等,自"二战"后,人均GDP翻了几番,居民的主观幸福感反而

---

① 《不丹启示:用国民幸福总值替代GDP》,《金融博览》2011年第4期。

下降了，其主要原因在于高失业率、高通货膨胀率、收入悬殊、环境恶化等诸多方面。东亚新兴经济体创造了经济增长的奇迹，却出现了国民幸福与经济增长不一致的"快乐鸿沟"现象。在大家为"幸福收入悖论"这一难题绞尽脑汁时，不丹这个经济发展较为落后的发展中国家坚持国民幸福总值的执政理念，关注经济、社会、环境与国民幸福的全面协调发展，实现了国民经济与国民幸福同步增长的目标。北欧诸国在发展经济的同时，关注民生投资，关注居民的切身福利，建立了完善的社会保障体系，使得居民物质生活富足，精神文化生活愉悦。2012年，我国人均GDP已经超过了6000美元，而相关调查显示，我国居民的主观幸福感呈下降趋势。因此，我国在发展经济的同时，应重视居民幸福水平的提高，应吸取其他国家的经验，避免重复它们的弯路。应完善社会保障体系，缩小收入差距，稳定物价，加大环境保护力度，减少经济增长对居民幸福的各种负向效应，致力于实现国民经济与国民幸福同步增长的目标。

第二，政府是提升国民幸福的主导力量。由不丹、丹麦及瑞典等国的发展理念和发展实践可知，居民的物质文化生活水平主要取决于政府的执政理念，以及以国民幸福指标体系为核心的绩效评估体系。例如，不丹将国民幸福指标体系写入《宪法》，将保护森林等自然资源视为公民的权利和义务。就当前我国的政府政策实践来看，也开始从"以物为中心"向"以人为中心"转变。自党的十六大提出科学发展观以来，"以人为本"，全面、协调、可持续发展成为党和政府的执政理念，指导着我国的社会经济发展。与此相应，政府业绩考核体系也发生了转变，"GDP至上"的发展理念已失去政治基础。2011年，"幸福"成为"两会"期间的热门话题。幸福相继成为各个地方"十二五"发展规划中的共识。例如，北京提出的让人们过上"幸福美好的生活"，广东提出的"幸福广东"，等等。然而，这些对于实现国民可持续的幸福目标还远远不够。将国民幸福作为执政理念，并构建以国民幸福为核心的政绩考核体系是提升国民幸福的前提和保障。因此，我国在借鉴其他国家幸福指标体系实践经验的基础上，应根据自身的发展实际，制定适合我国政府政绩考核体系的国民幸福指标体系。

第三，民生是实现国民幸福的关键。丹麦、瑞典等欧洲国家之所以能排在世界幸福排行榜的前列，主要在于这些国家推行的"高福利"政策。尤其是全面免费医疗、免费教育，再加上完善的养老保险制度，为居民提供了良好的发展空间。尽管经济上不像发达国家那样富裕，但不丹推行公平、有效的公共服务供给机制，实现了基本公共服务均等化供给，这些都是居民幸福的主要源泉。而新加坡在追求经济快速发展的同时，却实施"无福利"政策，增大了居民的生活压力和养老风险，在很大程度上导致了居民主观上不幸福。因此，我国应调整政府支出结构，增加公共文化服务供给，完善社会保障体系。

第七章 结论、政策建议及研究展望

　　18世纪启蒙时代的边沁哲学告诉我们，最好的社会就是公民最幸福的社会，最好的政策就是能产生幸福最大化的政策，最道德的行为就是能给所有会受其影响的人带来最大幸福的行为。19世纪末，大部分英国经济学家认为，经济学是关于幸福的研究，幸福就像温度一样可以测量，幸福可以拿来和其他人进行比较，且额外收入能够带来的幸福越来越少。然而，维尔弗雷多·帕累托（Vilfredo Pareto）发起的"去心理化"的效用革命，剔除了情感因素，偏好取代了"幸福"，效用也就成为显示行为偏好的函数。现代经济学对幸福问题的研究始于1974年Easterlin提出的"幸福收入悖论"，也即幸福不随收入的增加而增加，自此，幸福再次成为经济学关注的焦点，并得到社会的广泛应用。

　　随着"以人为本"发展理念的深入和完善，幸福成为发展的最终目标，是检验发展的最终标准，得到了政策制定者的青睐。尤其是Diener于2000年在其"主观幸福感——快乐科学与社会指标"中提出的"幸福感应用的新方向——幸福指数",大大增强了幸福指数的社会应用性。正如房子的地基一样,所有实现发展的手段,诸如经济增长、教育进步、健康长寿以及各种自由选择的机会,都建立在幸福的"根基"之上。除了物质财富、教育质量等客观方面,幸福还包含个人关系需求、能力需求、自我实现,以及生活的意义和目标等主观方面的心理福祉。如果经济发展测量指标不能涵盖上述更有意义的心理福祉,就意味着我们的测量方法已误入歧途。我们必须明确,经济发展的最终目标是改善众生的生活质量,以实现终极幸福。

1970年,不丹国王旺楚克首次提出国民幸福指数,认为政府施政应关注幸福,并应以实现幸福为目标,在这样的幸福理念下,不丹又创先提出了国民幸福总值指标,主要由经济增长、政府善治、文化发展及环境保护四大维度组成。国民幸福指数不仅强调生活质量、人民幸福和对地球的良好管理等人们生活中最重要的东西,而且鼓励大家讨论如何将利他主义精神和道德信仰等因素与现行的经济学结合起来,以使得国民幸福指数更好地反映国民的真实福利。当然,世界各国根据其特定的社会环境、传统文化及价值取向,提出了不同的幸福理念。不丹的幸福发展理念及其幸福的实践应用,引起了国际上很多国家的重视。不丹这一举措的重要意义在于对传统"GDP至上"发展模式的反思。经济持续增长、收入提高、城市化、现代化等传统意义上的发展是发展的重要组成部分,但它们属于工具性的范畴,是实现发展的手段,是为人的幸福服务的。

追求人们持续性的幸福才是发展的最终目标。

在"以人为本"发展观的背景下，本着主观幸福感对发展具有工具性价值和内在性价值的思路，根据已有幸福文献的研究结论，本书从微观个体发展、宏观经济发展及城乡社会结构视角研究幸福问题，在此基础上，探讨影响和促进国民幸福的重要因素。

一 主要结论

在"以人为本"、可持续发展的大时代背景下，本书总结发展与幸福方面的研究文献，从中看到从发展视角研究幸福问题是非常必要的。本书本着"幸福既是实现发展的最终目标，又是发展的度量标准"的思想，回顾与总结了发展观的演变历程和发展趋势，以及幸福的内涵和外延，从微观个体发展、宏观经济发展及城乡社会结构三个层面，尝试以较新的研究方法，借鉴现有研究的主要观点，以中国的数据进行实证研究，研究微观个体发展和经济发展对人类福利的贡献及其差异，以及适用于中国的发展政策。在研究程序上，本书首先以幸福理论模型为理论基础，其次以实证分析的方法对理论模型的观点进行论证，最后结合实证研究结论，借鉴国际上国民幸福指标体系的实践经验，探讨我国的发展理念及国民幸福指标体系的构建问题。本书的主要研究内容和结论如下。

第一，研究个体发展对幸福的影响。个体的收入、教育、健康等客观因素，以及个体的心理需要等主观心理因素均是影响个体主观幸福感的重要因素。另外，个体的这些发展因素很可能早在其出生前就被父辈的个体发展状况决定了，因此，本书在分析个体发展因素对主观幸福感的直接效应的同时，还重点分析了父辈的发展状况（个体的童年家境）对个体主观幸福感的直接效应，以及通过个体的发展对其主观幸福感的间接效应。基于此，本书运用2008年中国综合社会调查微观数据，采用多元递归概率模型，对童年家境产生的个体发展的历时效应进行全相关分析。实证结果表明，来自贫困家庭的孩子，更有可能面临过早辍学的风险、成年后再次陷入贫困的风险及主观不幸福的风险。若没有自身额外的努力及政策扶持，童年贫困会导致较低的教育水平，较低的教育水平会再次提高其陷入贫困的可能性，而收入贫困又提高了其主观不幸福的概率，最终，童年家境贫困通过直接效应与间接效应，导致贫困在代际传承。童年贫困的群体，通过高等教育，能成功摆脱成年后的收入贫困，却摆脱不了成年后的心理贫困（主观不幸福）。童年家境贫困的群体，更有可能面临童年心理需要、目前心理需要得不到满足的风险，并且，童年家境通过童年心理需要、目前心理需要间接影响个体的主观幸福感。由此可知，在经济学研究中，幸福收入悖论之所以存在，很可能是因为忽视了父辈的社会经济地位通过个体发展对其主观幸福感的间接效应，这为破解幸福收入悖论提供了新的研究视角和研究方法。

第二，研究经济发展与幸福的相关性。本书使用2003~2008年中国综合社会调查数据及相关的宏观数据，运用 Order Probit 模型，首先，分析经济增长、收入分配以及政府在教育、医疗、社会保障方面的财政支出对居民幸福感的影响效应，同时还分析了国家福利政策的实施对居民主观幸福感的效应；其次，对比分析经济发展程度不同的东部、中部、西部地区居民幸福感的差异及其影响因素，以及城乡不同地区居民主观幸福感的差异及其影响因素，并在此基础上探讨中国的经济发展方式。实证分析结果表明，经济增长、物质财富的积累是实现居民主观幸福感的前提和基础。然而，经济增长、居民收入对居民主观幸福感的影响虽显著但影响系数比较小，在所有的实证回归分析中，绝对收入的系数还不到 0.1。可见，必须超越经济增长，在实现经济增长的同时，还要重视居民在教育、医疗、社会保障等方面的社会福利改善，以及个体其他切身真实福利的提升。基尼系数降低了居民的主观幸福感，并且，相对收入对居民主观幸福感的影响不仅在统计上显著，而且在经济上也非常显著。这个结果意味着，适当缩小收入差距，尤其是提升农村地区及中部地区和西部地区居民的绝对收入水平，能显著提升居民的主观幸福感。此外，加强对农村等经济相对落后地区的民生投资，同样能显著提升居民的主观幸福感。

第三，破解中国城市社会结构中的幸福收入悖论。中国在经济快速增长的同时，城乡居民的收入以及教育、医疗、社会保障等物质生活条件的差距也在不断扩大，城市、农村处于截然不同的"富"和"穷"两个社会系统。但一些实证分析表明，中国农村居民的主观幸福感强于城市居民。本书将这种横向的城乡幸福收入悖论置于城乡二元经济社会结构现实之中，运用 Order Probit 模型对中国综合社会调查数据进行实证分析。在控制收入、人口统计特征变量及人生态度等主观心理变量的情况下，分析城乡居民幸福感的差异，以客观评价现代化、城市化对社会发展的影响。实证结果表明，城乡幸福收入悖论源于城乡居民不同的主观心态。尽管城市居民在收入、医疗、教育等方面均优于农村居民，然而，在控制绝对收入、相对收入及个体特征等相关变量之后，城市居民并不比农村居民更幸福。但是，一旦加入城乡居民对"命运""家境""进取心"等主观心态，城市居民的幸福感会高于农村居民。这就是说，如果城乡居民在拥有相同收入等物质条件的同时，还有着基本相同的主观心态，就不存在所谓的城乡幸福收入悖论。

二 政策启示

长期以来，在西方发达国家的发展理论及发展经验指导下，中国结合自身的发展特征，一直把经济建设放在首位，本着效率优先、兼顾公平的经济发展原则，尤其是在权衡经济建设与环境问题时，遵循"先开发后保护、先污染后治理"的发展思路（蔡昉、林毅夫，2003），在这样的经济优先发展的理念下，中国确实取得了巨大的成就，创造了经济增长的奇迹，2012 年中国人均 GDP 已突破 6000 美元。

然而，世界价值观调查表明，我国居民的主观幸福感并未随着经济的快速增长而有所提升，甚至呈现下降的趋势。另外，本书的实证分析表明，从纵向上看，居民的主观幸福感并未随着经济的增长而提升，且从省际截面上看，各地区经济发展水平与居民主观幸福感并不存在明显的相关性。显然，经济增长与人们主观幸福感下降并存的现象违背了我国"以人为本"的发展理念，与中国建设和谐社会的发展目标不相符。一个国家的经济发达了，但其发展成果若不能使大部分群体受惠，不能改善大部分群体的幸福状况，则这种经济发展模式就不是最优的。不丹、北欧成功地实现了经济增长与国民幸福的双重目标，意味着可以在经济增长与人们的主观幸福感之间找到一条平衡的发展路径。因此，中国应从自身的经济社会发展现实出发，本着幸福的发展理念，探讨影响国民幸福的重要因素，寻求经济增长与人们主观幸福感之间的平衡发展路径，最终实现经济、社会、环境与人的全面协调发展。本书在前面几章研究的基础上，得出以下几个方面的政策启示。

（一）加快经济发展

随着我国经济的快速发展，国民的幸福水平并未随之上升，甚至在有的年份出现下降现象，也即出现了"幸福收入悖论"或者"快乐鸿沟"现象。但是，值得注意的是，收入仍是影响我国居民主观幸福感的重要因素，尤其是对低收入群体或者农村居民而言，收入仍是提升居民主观幸福的关键。

值得强调的是，追求国民可持续的幸福，但并非忽视经济增长。反而，经济增长是非常有用的，是提升居民物质文化生活水平的关键，是实现居民幸福的前提和保障。不过，经济发展应朝着适当的方向发展。经济增长不应以牺牲人们的幸福为代价。东亚的"快乐鸿沟"显然不是我国想要的发展模式。北欧、不丹等的发展模式表明，完善的、公平的社会保障体系是居民幸福的关键。本书的实证分析进一步表明，收入不均等对居民主观幸福感有着显著的负向效应，而政府对教育、医疗、社会保障等方面的民生投资却能显著提升居民的主观幸福感。可见，我国的经济增长应朝着提升居民主观幸福感的方向发展：要提高政府的公共支出，改善收入分配状况，这对个体主观幸福感的直接效应是显著的。

（二）完善社会制度体系

首先，本书的实证分析表明，经济增长、绝对收入的增加能显著提升居民的幸福感，但对幸福感的影响系数是非常小的，而人们重视相对收入的提升，更加关注社会的公平度。制度是社会公平正义的根本保障。例如，不丹建立了均等的社会保障体系，保障所有的公民均能免费享受医疗、社会保障等方面的待遇，均等的社会机会显然提升了经济上仍不富裕的不丹居民的主观幸福感。因此，建立健全合理的收入分配制度、各种法律制度和司法体制机制、民主权利保障制度、公共财政制度、社会保障制度等，既能保证人们获取经济资源的机会平等，又能保障人们在享受各种社会权利时的机会均等，真正实现权利公平、分配公平、机会公平，这是一个国家实现居民可持续幸福的前提和关键。

其次，关注弱势群体，提升其幸福水平。丹麦于2011年通过的"家庭津贴"修正案，将"家庭津贴"修改为"儿童及青少年津贴"。议案规定，每个0~17岁的孩子根据其年龄阶段每年可以获得足够其生存和发展的津贴。本书的实证分析表明，童年时期的家庭经济状况不仅直接影响个体的综合发展和主观幸福感，而且通过个体发展因素间接影响个体的主观幸福感。因此，在实施相关福利政策时，要关注儿童的客观福利和主观心理福祉，关注儿童的身心健康。另外，相关福祉制度应向处于社会最底层的弱势群体倾斜，包括下岗人员、留守儿童、孤寡老人等，没有他们的幸福，就没有真正的国民幸福。

最后，加强新农村建设，缩小城乡之间的"幸福鸿沟"。虽然城乡居民的生活质量、福利水平差距很大，但是，相关的实证分析表明，城市居民并不比农村居民幸福。值得注意的是，农村居民主观上幸福主要源于经济因素，而城市居民的不幸福主要是由于其攀比心理、人生态度等因素，这在一定程度上侵蚀了城市居民的主观幸福感。因此，增加农民收入、为农民提供均等化的公共基础服务，是提升农村居民主观幸福感的关键，如加大农村的教育投入、完善农村的社会保障体系和社会救助体系、创造有利于农民工的舆论环境、关注留守儿童与流动儿童的教育问题及主观心理问题等。

（三）加强精神文明建设

本书的实证分析表明，居民的主观心理需要、人生态度等主观心理变量显著影响居民的主观幸福感，尤其是在物质生活水平提升到一定程度之后，居民的主观心理因素对幸福感的影响占据支配地位，因此，在推动现代化、城市化的进程中，必须注意精神文明建设。

首先，以科学发展观引领精神文明建设。坚持科学发展观，坚持经济和社会各项事业全面发展，物质文明、政治文明和精神文明建设协调发展，是促进精神文明建设的关键和保障。因此，必须树立科学发展观，将科学发展观贯穿于创建文明社会的整个过程中，坚持"以人为本"、全面协调可持续的发展观，体现建设社会主义和谐社会的要求。树立速度与结构、质量与效益相统一，经济发展与人口资源环境相协调的观念，树立"以人为本"、着眼于长远发展和增加社会福祉的观念，树立物质文明、政治文明、精神文明和社会建设、生态文明和谐发展的观念。

其次，加快经济可持续发展，提升居民的物质文化生活水平。目前，经济发展不足依然是制约我国低收入群体，尤其是农村居民精神文明建设的主要障碍。改革开放以来，我国经济取得了翻天覆地的变化，然而与发达地区相比，我国山区及落后地区农村居民的生活仍然十分拮据，农民整日忙于生计，无暇顾及精神生活，农村精神文明建设缺乏应有的物质支持。因此，应关注弱势群体的物质文化生活，改善社会保障体系，为居民的身心健康提供基本的物质保障。

最后，以思想文化教育的经常化，促进国民素质的不断提高，促进人的全面发展。在创建文明社会的过程中，必须在建设健康、向上的人文环境上下功夫，大力弘扬培育"爱国守法、明礼诚信、团结友爱、勤俭自强、敬业奉献"的公民基本道德和艰苦奋斗、和谐进取的精神。

（四）构建国民幸福指标体系

科学地构建能反映居民客观物质福利与主观精神的幸福指标体系，是评价经济增长对不同群体所产生的幸福效应的标准，也是评价社会发展的关键。不丹创造性地提出了由四大支柱、九大领域、72个指标组成的国民幸福指标体系，涵盖内容既包含经济增长、社会保障及环境保护等宏观经济发展问题，也包含个体的就业、健康、教育等微观发展问题；既包含经济增长、收入、教育、健康等客观因素，也包含个体的生活满意度、心理压力、居民的精神信仰及情感等主观因素。更重要的是，不丹的国民幸福指标体系中所有指标的选择均是在政府的指导下，由相关的专业人员组织，个体根据其亲身体验自我报告的数据而获得，因此，不丹的国民幸福指标体系既能全面反映居民的真实福利需求，又能很好地评估政府绩效。

在"以人为本"的发展思想指导下，如何评价我国经济发展、个体发展所产生的幸福效应？特别是在积极幸福效应与消极幸福效应并存的情况下，怎样通过一个综合性的指标对这些不同效应进行综合权衡？在"以人为本"发展观的时代背景下，对上述问题的回归具有重要的理论意义和现实意义。结合不丹国民幸福指标体系的实践经验及本书的实证分析，本书从以下三个方面回答上述问题。

第一，无论是中央还是地方，政府在制定相关的宏观政策时，不应将 GDP 作为地方政绩的唯一评价标准，而应关注经济增长质量，关注居民的主观幸福感。因为居民主观幸福感的提升才是发展的最终目标，而经济增长、教育、医疗及社会保障等只是实现幸福的手段。

第二，国民幸福感指标体系应在政府的领导和相关专业人员的组织下进行，相应领域指标应根据个体自我报告的数据来确定。制定的国民幸福指标体系，既要遵循幸福指标制定的可量化、可比性、不重复、不遗漏的原则，又要体现居民的真实福利。

第三，制定幸福指数并非追求幸福指数的无限增长，而是通过幸福指数评估人们主观生活质量的状况和变化趋势。由前文的实证分析可知，主观幸福感是由经济增长、社会分配、社会保障以及个体的客观物质福利发展、主观心理发展等多因素综合作用的结果，从长期来看，要通过相关的统计分析获得科学、全面的幸福指数是非常困难的。因此，制定幸福指数的目的不在于计算幸福指数的大小，而在于通过该指数评估人们主观生活质量的状况和变化趋势。

三 研究展望

主观幸福感视角下的发展问题是一个非常宽广的研究

领域，怎样以主观幸福感为导向，实现人类社会的更好发展，仍有许多理论和实践上需要进一步探讨的问题。本书在"以人为本"发展观的指导下，根据已有的幸福理论，将主观幸福感作为发展的最终目标和度量标准，研究个体发展与宏观经济发展对个体主观幸福感的贡献及其差异，以探讨人类社会可持续发展的路径。然而，限于时间和知识水平，本书仍存在一些缺陷和不足。本书的不足及本书没有完成但值得进一步研究的方向如下。

第一，对发展的度量一直是发展问题研究中非常重要却充满争议的话题，对"发展"的不同定义决定了研究的结论。本书虽然进行了一些探讨，区分了不同时段的发展观及其相互作用机理，但是要构建一种较为合理，同时又能被广泛接受的社会发展指数仍有很长的路要走。若以大量的数据为基础，建立既包含人们的客观福祉，又包含人们主观心理福祉的综合社会发展指标体系，则能有助于构建较为统一的发展理论。

第二，个体的发展，包括其在教育、健康及主观心理等方面的发展，在很大程度上是由父辈的个体发展状况决定的。然而，目前已有的关于个体发展的数据库，尤其是包含个体主观心理发展方面的数据库是非常少的，跨代方面的发展数据库更是罕见。本书在分析个体发展代际传递效应时，通过受访者回顾其14岁时父辈的发展状况而获得相关的跨代数据，这在一定程度上能够反映父辈发展对个体发展的影响方向，但不能精确地反映父辈的发展对个体发展的影响程度。因此，建立稳定、长期的跨代动态数据库，对于个体发展的历时效应分析具有决定性的作用。

第三，人们的主观幸福感既是相对稳定的，又是在不断变动的，在不同时期，主观幸福感与其他变量之间的相关性可能是相互影响的。本书采用的实证分析均建立在横截面数据基础之上，若能对某些样本建立起关于主观幸福感的动态数据，从观察主观幸福感的变动中了解主观幸福感变动的基本因素及其对个体真实福利的影响，则能对主观幸福感的结构及其作用机制有更为深入的了解。虽然有一些机构和学者已在这方面做了尝试，但是真正适用于主观幸福感研究的动态面板数据库还是比较稀缺。建立主观幸福感数据库对人的发展问题的研究是一个重要前提条件。

第四，主观幸福感与个体的主观心理因素，如个体的攀比心理、适应性心理，以及主观认知、人生态度等密切相关，在很多时候是个体的主观认知和态度的外在体现。因此，在研究方法上，通过实验方法来研究个体的主观幸福感及其影响因素，能够得到比实证分析更为贴近实际的结论。然而，个体主观幸福感涉及的维度非常广泛，既包含个体的收入、教育、医疗保健等客观层面的发展，也涉及个体的主观心理状况，通过实验的方法分析个体的主观幸福感及其影响因素，显然是成本高昂且需要研究者努力的一个方向。

第五，主观幸福感作为发展目标和度量标准的理论研究与政策实施之间仍然需要进一步加以结合。虽然很多国家和经济合作与发展组织等国际机构提出以幸福为导向的发展观，并提出了幸福指数及幸福指标体系，但目前将人们的主观幸福感付诸社会发展实践的只有不丹。不丹以幸福为发展导向，以居民主观幸福水平的提升为政策实施的依据，成功地实现了经济增长与主观幸福感同步提升的双重目标。然而，在我国的政策设计方面，对于改善个体的幸福感还非常薄弱，相应的，以此为导向的主观幸福感的研究也较欠缺，理论研究往往不能很好地提出符合实践要求的政策。因此，以政策实践为起点，研究主观幸福感对人类社会发展的作用，提出适用于实践的政策建议，是未来研究的一个重要方向。

参考文献

[1] 蔡昉、林毅夫：《中国经济》，中国财政经济出版社，2003。

[2] 高启杰等：《福利经济学：以幸福为导向的经济学》，社会科学文献出版社，2012。

[3] 官皓：《收入对幸福感的影响研究：绝对水平和相对低位》，《南开经济研究》2010年第5期。

[4] 郭丛斌、闵维方：《家庭经济和文化资本对子女教育机会获得的影响》，《高等教育研究》2006年第11期。

[5] 郭丛斌、闵维方：《中国城镇居民教育与收入代际流动的关系研究》，《教育研究》2007年第5期。

[6] 郭熙保：《从发展经济学观点看待库兹涅茨假说——兼论中国收入不平等扩大的原因》，《管理世界》2002年第3期。

[7] 何立华、金江：《谁是幸福的？——个体特征、外部环境与主观幸福感》，《经济评论》2011年第5期。

[8] 何立新、潘春阳：《破解中国的"Easterlin 悖论"：收入差距、机会不均与居民幸福感》，《管理世界》2011 年第 8 期。

[9] 胡君辰：《中老年人生活满意感的跨文化心理学研究》，华东师范大学博士学位论文，1988。

[10] 黄有光：《福祉经济学：一个趋于更全面分析的尝试》，东北财经大学出版社，2005。

[11] 黄有光：《效率、公平与公共政策：扩大公共支出势在必行》，社会科学文献出版社，2003。

[12] 〔加〕马克·安尼尔斯基：《幸福经济学：创造真实财富》，林琼等译，社会科学文献出版社，2010。

[13] 金江、何立华：《教育使人幸福吗？——基于武汉市城镇居民的实证分析》，《经济评论》2012 年第 6 期。

[14] 金宽：《北欧人为何如此幸福》，《理论导报》2013 年第 11 期。

[15] 李军：《以国民幸福指数为导向的中国地方政府绩效考核评价体系研究》，山东大学博士学位论文，2013。

[16] 李连芬、刘德伟：《瑞典社会保障制度改革》，《创新》2015 年第 5 期。

[17] 梁捷：《幸福指数：中国人幸福吗？》，中山大学出版社，2007。

[18] 林闽钢、张瑞利：《农村贫困家庭代际传递研究》，《农业技术经济》2012 年第 1 期。

[19] 刘军强、熊谋林、苏阳：《经济增长时期的国民幸福感——基于 CGSS 数据的追踪研究》，《中国社会科学》2012 年第 12 期。

[20] 娄伶俐：《主观幸福感的经济学理论与实证研究》，上海人民出版社，2010。

[21] 鲁元平、王韬：《收入不平等、社会犯罪与国民幸福感——来自中国的经验证据》，《经济学（季刊）》2011 年第 4 期。

[22] 鲁元平、张克中：《经济增长、亲贫式支出与国民幸福——基于中国幸福数据的实证研究》，《经济学家》2010 年第 11 期。

[23] 罗楚亮：《城乡分割、就业状况与主观幸福感差异》，《经济学（季刊）》2006 年第 3 期。

[24] 罗楚亮：《绝对收入、相对收入与主观幸福感——来自中国城乡住户调查数据的经验分析》，《财经研究》2009 年第 11 期。

[25] 苗元江：《心理学视野中的幸福：幸福感理论与测评研究》，天津人民出版社，2009。

[26] 千叶：《丹麦的社会福利》，《社会福利》2003 年第 9 期。

[27] 陶冶：《丹麦社会福利制度运行机制对中国的启示》，《现代商贸工业》2012 年第 9 期。

[28] 田国强、杨立岩：《对"幸福收入之谜"的一个解答：理论与实证》，《经济研究》2006 年第 11 期。

[29] 王爱君：《女性贫困、代际贫困传递与和谐增长》，

《财经科学》2009 年第 6 期。

[30] 王鹏：《收入差距对中国居民主观幸福感的影响分析——基于中国综合社会调查数据的实证研究》，《中国人口科学》2011 年第 3 期。

[31] 王绍光：《大转型：1980 年代以来中国的双向运动》，《中国社会科学》2008 年第 1 期。

[32] 吴丽民、陈惠雄：《收入与幸福指数结构方程模型构建——以浙江省小城镇为例》，《中国农村经济》2010 年第 11 期。

[33] 奚恺元：《2005 年中国城市及生活幸福度调查报告》，中欧国际工商学院，2005。

[34] 肖仲华：《西方幸福经济学理论研究》，中国社会科学出版社，2010。

[35] 邢占军：《我国居民收入与幸福感关系的研究》，《社会学研究》2011 年第 1 期。

[36] 邢占军：《中国城市居民主观幸福感量表的编制研究》，华东师范大学博士学位论文，2003.

[37] 叶初升、冯贺霞：《城市是幸福的"围城"吗？——基于 CGSS 数据对中国城乡幸福悖论的一种解释》，《中国人口·资源与环境》2014 年第 6 期。

[38] 叶初升、冯贺霞：《幸福问题的经济学研究：进展与启示》，《华中农业大学学报》（社会科学版）2014 年第 3 期。

[39] 叶初升、任兆柯、冯贺霞：《主观幸福感中的童年印记》，《中国地质大学学报》（社会科学版）2014 年

第 5 期。

[40] 叶初升:《寻求发展理论的微观基础——兼论发展经济学理论范式的形成》,《中国社会科学》2005 年第 4 期。

[41] 易晓:《不丹 GNH 创造乐土》,南方日报出版社,2011。

[42] 〔意〕路易吉诺·布鲁尼、皮尔·路易吉·博尔塔:《经济学与幸福》,付红春等译,上海人民出版社,2007。

[43] 〔印〕阿马蒂亚·森:《以自由看待发展》,任赜、于真译,中国人民大学出版社,2002。

[44] 〔英〕边沁:《道德与立法原理导论》,时殷红译,商务印书馆,2000。

[45] 〔英〕理查·莱亚德:《不幸福的经济学》,陈佳伶译,中国青年出版社,2009。

[46] 〔英〕乔治·爱德华·穆尔:《伦理学》,戴杨毅译,中国人民大学出版社,1985。

[47] 〔英〕斯坦利·杰文斯:《政治经济学理论》,郭大力译,商务印书馆,1984。

[48] 〔英〕亚当·斯密:《道德情操论》,谢宗林译,中央编译出版社,2008。

[49] 〔英〕亚当·斯密:《国富论》,杨敬年译,陕西人民出版社,2011。

[50] 袁岳、张慧:《2009 年中国居民生活质量报告》,载汝信等主编《2010 年中国社会形势分析与预测》,

社会科学文献出版社，2010。

[51] 曾慧超、袁岳：《2004年中国居民生活质量报告》，载汝信等主编《2005年中国社会形势分析与预测》，社会科学文献出版社，2005。

[52] 张彩琴：《北欧国家的社会保障制度》，《社会工作》1996年第2期。

[53] 张立冬：《中国农村贫困代际传递实证研究》，《中国人口·资源与环境》2013年第6期。

[54] 张旭：《一边是反思，一边是幸福：2011中国人幸福感大调查》，《小康》2011年第11期。

[55] 张学志、才国伟：《收入、价值观与居民幸福感》，《管理世界》2011年第9期。

[56] 郑方辉：《幸福指数及其评价指标体系构建》，《学术研究》2011年第6期。

[57] 周弘：《丹麦社会保障制度：过去、现在和未来》，《中国农村观察》1996年第2期。

[58] 朱建芳、杨晓兰：《中国转型期收入与幸福的实证研究》，《统计研究》2009年第4期。

[59] Ackerman, N. and Paolucci, B., "Objective and Subjective Income Adequacy: Their Relationship to Perceived Life Quality Measures", *Social Indicators Research*, 1983, 12.

[60] Alesina, A., Di Tella, R., and MacCulloch, R., "Inequality and Happiness: Are Europeans and Americans Different?", *Journal of Public Economics*, 2004, 88.

[61] Alkire, S., "Dimensions of Human Development", *World Development*, 2002, 30 (2).

[62] Alkire, S., "The Missing Dimensions of Poverty Data: An Introduction", OPHI Working Paper, 2007.

[63] Andrews, F. M., and S. R. Withey, *Social Indicators of Well-being: American's Perceptions of Life Quality*, New York: Plenum Press, 1976.

[64] Appleton, S., and Song, L., "Life Satisfaction in Urban China: Components and Determinants", *World Development*, 2008, 11.

[65] Argyle, M., and Furnham, A., "Sources of Satisfaction and Conflict in Long – Term Relationships", *Journal of Marriage and the Family*, 1983, 45.

[66] Beck, A. T., and Rush, A. J., "Cognitive Approaches to Depression and Suicide", In G. Serben (eds.), *Cognitive Deficits in the Development of Mental Illness*, New York: Brunner/Mazel, 1978.

[67] Beck, A. T., *Depression: Clinical, Experimental, and Theoretical Aspects*, New York: Harper and Row, 1967.

[68] Bjornskov, C., Dreher, A., and Fischer, J. A. V., "The Bigger the Better? Evidence of the Effect of Government Size on Life Satisfaction around the World", *Public Choice*, 2007, 130.

[69] Blanchflower, D. G., and Oswald, A. J., "The Rising Well-being of the Young", In Blanchflower, D.

G. , and Freeman, R. , eds. , *Youth Employment and Joblessness in Advanced Countries*, Chicago: University of Chicago Press, 2000.

[70] Blanchflower, D. G. , and Oswald A. J. , "Well-being over Time in Britain and the USA", *Journal of Public Economics*, 2004, 88.

[71] Blanden, J. , Gibbons, S. , *The Persistence of Poverty Across Generations: A View from Two British Cohots*, Bristol: The Policy Press, 2006.

[72] Bowles, S. , Gintis, H. , Groves, M. O. , *Unequal Chances: Family Background and Economic Success*, Princeton: Princeton University Press, 2005.

[73] Bradburn, N. , *The Structure of Psychological Well-being*, Chicago: Aldine, 1969.

[74] Brickman, P. , and Campbell, D. T. , "Hedonic Relativism and Planning the Good Society", Published in *Adaptation-Level Theory: A Symposium*, New York: M. H. Apley Academic Press, 1971.

[75] Brockmann, H. , Delhey, J. , Welzel, C. , and Hao Yuan, "The China Puzzle: Falling Happiness in a Rising Economy", *Journal of Happiness Studies*, 2009, 10 (4).

[76] Brooks-Gunn J. and Dunncan G. J. , "The Effects of Poverty on Children", *Future Child*, 1997, 7 (2).

[77] Bukenya, J. O. , "An Analysis of Quality of Life,

Income Distribution and Rural Development in West Virginia", Morgantown: West Virginia University, 2001.

[78] Burton, P., Phipps, S., "From a Young Teen's Perspective: Income and Happiness of Canadian 12 – 15 Year Olds", Canada: Dalhousie University, Working Paper, 2008.

[79] Campbell, A., Converse, P. E., and Rodgers, W. L., *The Quality of American Life: Perceptions, Evaluations, and Satisfactions*, New York: Russell Sage Foundation, 1976.

[80] Cantril, H., *The Pattern of Human Concerns*, New Brunswick, NJ: Rutgers University Press, 1965.

[81] Carneiro, P., Heckman, J., "Human Capital Policy", In J. Heckman and A. Krueger, *Inequality in America: What Role for Human Capital Policies*, Cambridge, MA: MIT Press, 2003.

[82] Cheung, C. K., and Leung, K. K., "Forming Life Satisfaction among Different Social Groups during the Modernization of China", *Journal of Happiness Studies*, 2004, 5.

[83] Chevalier, A., "Parental Educations and Child's Education: A Natural Experiment", Discussion Paper, 2004.

[84] Clark, A. E., and Oswald, A. J., "Satisfaction and

Comparison Income", *Journal of Public Economics*, 1996, 61.

[85] Clark, A. E., and Oswald, A. J., "Unhappiness and Unemployment", *Economic Journal*, 1994, 104.

[86] Clark, A. E., Frijters, P., and Shields, M. A., "Relative Income, Happiness, and Utility: An Explanation for the Easterlin Paradox and other Puzzles", *Journal of Economic Literature*, 2008, 46 (1).

[87] Clark, A. E., "Unemployment as a Social Norm: Psychological Evidence from Panel Data", *Journal of Labor Economics*, 2003, 21 (2).

[88] Clark, Andrew E., "Unemployment as a Social Norm: Psychological Evidence from Panel Data", *Journal of Labor Economics*, 2003, 21 (2).

[89] Conger, R. D., Donnellan, M. B., "An Interactionist Perspective on the Socioeconomic Context of Human Development", *Annual Review of Psychology*, 2007, 58.

[90] Csikszentmihalyi, M., and Larsen, R., "Intrinsic Rewards in School Crime", *Crime and Delinquency*, 1978, 214.

[91] Cummins, R., "Personal Income and Subjective Well-being: A Review", *Journal of Happiness Studies*, 2000, 1.

[92] Currie, J., "Healthy, Wealthy and Wise: Socioeconomic

Status, Poor Health in Childhood, and Human Capital Development", *Journal of Economic Literature*, 2009, 47.

[93] Davidson, R. J., "Affective Style, Psychopathology and Resilience: Brain Mechanisms and Plasticity", *American Psychologist*, 2000, 55.

[94] Deaton, A., "Health, Inequality and Economic Development", *Journal of Economic Literature*, 2003, 41 (1).

[95] Dermer, M., Cohen, S. J., Jacobsen, E. and Anderson, E., "Evaluative Judgement of Aspects of Life as a Function of a Various Exposure to Hedonic Extremes", *Journal of Personality and Social Psychology*, 1979, 37.

[96] Diener, E. D., and Tov, W., "Subject Well-being and Peace", *Journal of Social Issues*, 2007, 63.

[97] Diener, E. D., and Diener, R. B., "New Direction in Subject Well-being Research: The Cutting Edge", *Indian Journal of Clinical Psychology*, 2000, 27.

[98] Diener, E. D., R. A. Emmons, R. J. Larsen, and S. Griffin, "The Satisfaction with Life Scale", *Journal of Personality Assessment*, 1985, 49 (1).

[99] Diener E. D., Suh E. and S. Oishi, "Recent Findings on Subjective Well-being", *Indian Journal of Clinical Psychology*, 1997, 24.

[100] Diener, E. D., "Subjective Well-being", *Psychological Bulletin*, 1984, 95.

[101] Di Tella, Rafael, John Haisken – DeNew, and Robert J. MacCulloch, "Happiness Adaptation to Income and to Status in an Individual Panel", NBER Working Paper, 2007, No. 13159.

[102] Di Tella, R., MacCulloch, R. J., and Oswald J. A., "Preferences over Inflation and Unemployment: Evidence from Surveys of Happiness", *The American Economic Review*, 2001, 91 (1).

[103] Di Tella, R., MacCulloch, R. J., "Some Use of Happiness Data in Economics", *Journal of Economic Perspectives*, 2006, 20 (1).

[104] Di Tella, R., MacCulloch, R. J., and Oswald A. J., "The Macroeconomics of Happiness", *Review of Economics and Statistics*, 2003, 85.

[105] Dittmann, J. and Goebel, J., "Your House, Your Car, Your Education: The Socioeconomic Situation of the Neighborhood and Its Impact on Life Satisfaction in Germany", *Social Indicators Research*, 2010, 96 (3).

[106] Easterlin, R. A., "Explaining Happiness", *Current Issue*, 2003, 100.

[107] Easterlin, R. A., "Income and Happiness: Towards a Unified Theory", *Economic Journal*, 2001, 111.

[108] Easterlin, R. A., Morgan, R., Switek, M., and

Wang, F., "China's Life Satisfaction, 1990 – 2010", *Proceedings of the National Academy Sciences*, 2012, 109 (25).

[109] Easterlin, R. A., "Will Raising the Incomes of All Increase the Happiness of All?", *Journal of Economic Behavior & Organization*, 1995, 27.

[110] Easterlin, R. A., "Diminishing Marginal Utility of Income? Caveat Emptor", *Social Indicators Research*, 2005, 70.

[111] Easterlin, R. A., "Does Economic Growth Improve the Human Lot? Some Empirical Evidence", In P. David and M. Reder., *Nations and Households in Economic Growth*, New York: Academic Press, 1974.

[112] Edith Chen, "Why Socioeconomic Status Affects the Health of Children", *Current Directions in Psychological Science*, 2004, 13.

[113] Ferrer and Carbinell, "Income and Well-being: An Empirical Analysis of the Comparison Income Effect", *Journal of Public Economics*, 2005, 89.

[114] Festinger, L., "A Theory of Social Comparison Processes", *Human Relations*, 1954, 7.

[115] Fleurbaey, M., "Beyond GDP: The Quest for a Measure of Social Welfare", *Journal of Economic Literature*, 2009, 47 (4).

[116] Fordyce, M. W., "A Review of Research on the

Happiness Measures: A Sixty Second Index of Happiness and Mental Health", *Social Indicators Research*, 1988, 20.

[117] Frey, B. S., and Stutzer, A., *Happiness and Economics: How the Economy and Institutions Affect Well-being*, Princeton: Princeton University Press, 2002.

[118] Frijters, P., Shields, M. and Haisken-DeNew, J., "Money does Matter! Evidence from Increasing Real Income and Life Satisfaction in East Germany Following Reunification", *American Economic Review*, 2004, 94 (3).

[119] Gerdtham, U. G., and Johannesson, M., "The Relationship between Happiness, Health, and Social Economic Factors: Results Based on Swedish Microdata", *Journal of Socio - Economics*, 2001, 30 (6).

[120] Goldberg, D. P., B., Blackwell, "Psychiatric Illness in General Practice", *British Medical Journal*, 2006, 2.

[121] Graham, C. and A. Felton, "Inequality and Happiness: Insights from Latin America", *Journal of Economic Inqeuality*, 2006, 4.

[122] Graham, C., and S. Pettinato, "Happiness, Markets, and Democracy: Latin America in Comparative Perspective", *Journal of Happiness Studies*, 2001, 2.

[123] Guriev, S., and Zhuravskaya, E., "(Un)

Happiness in Transition", *Journal of Economic Perspectives*, 2009, 23 (2).

[124] Hicks, J. R., and Allen, R. G. D., "A Reconsideration of the Theory of Value", *Economica*, 1934, 1.

[125] Hudson, J., "Institutional Trust and Subjective Well-being across the EU", *International Review for Social Sciences*, 2006, 59 (1).

[126] Hynson, L. M., "Rural-urban Differences in Satisfaction among the Elderly", *Rural Sociology*, 1975, 1.

[127] Jere R. Behrman, Mark R. Rosenzweig, "Does Increasing Women's Schooling Raise the Schooling of the Next Generation", *American Economic Review*, 2002, 92 (1).

[128] Kahneman, D., Alan B. Krueger, "Developments in the Measurement of Subjective Well-being", *Journal of Economic Perspectives*, 2006, 20 (1).

[129] Kahneman, D., Diener, E., and Schwartz, N., *Well-being: The Foundations of Hedonic Psychology*, New York: Russell Sange Foundation Press, 1999.

[130] Kahneman, D., "Experienced Utility and Objective Happiness: A Moment – based Approach", In D. Kahneman and A. Tversky (eds.), *Choices, Values, and Frames*, New York: Cambridge University Press and Russell Sage Foundation, 2000.

[131] Kahneman, D., Krueger, A. B., Schkade, D. A.,

Schwarz, N., and Stone, A. A., "A Survey Method for Characterizing Daily Life Experience: The Day Reconstruction Method", *Science*, 2004, 306 (5702).

[132] Kammann, R., R. Flett, *Sourcebook for Measuring Well-being with Affectometer*, Dunedin, New Zealand: Why Not? Foundation, 1983.

[133] Kawachi, I., Kennedy, B. P., and Wilkinsom, R. G., *The Society and Population Health Reader: Inequality and Health*, New York, New Press, 1999.

[134] Kenny, C., "Does Growth Cause Happiness, or does Happiness Cause Growth?" *Kyklos*, 1999, 52 (1).

[135] Knight, J., and Gunatilaka, R., "Great Expectations? The Subjective Well-being of Rural Urban Migrants in China", Department of Economics, University of Oxford, Discussion Paper, No. 332, 2007.

[136] Knight, J., Song, L., and Gunatilaka, R., "Subjective Well-being and Its Determinants in Rural China", *China Economic Review*, 2006, 20 (4).

[137] Kushman, J., and Lane, S., A., "Multivariate Analysis of Factors Affecting Perceived Life Satisfaction and Psychological Well-being among the Elderly", *Social Science Quarterly*, 1980, 61.

[138] Lachman, M. E, and Weaver, S. L., "The Sense of Control as a Moderator of Social Class Differences in

Health and Well-being", *Journal of Personality and Social Psychology*, 1998, 74.

[139] Layard, R., "Rethinking Public Economics: The Implication of Rivalry and Habit", In Bruni, L., and Porta, P. L., *Economics and Happiness: Framing the Analysis*, Oxford: Oxford University Press, 2005.

[140] Lelkes, Orsolya, "Tasting Freedom: Happiness, Religion and Economic Transition", *Journal of Economic Behavior and Organization*, 2006, 59 (2).

[141] Loewenstein, G., "Because It is There: The Challenge of Mountaineering... for Utility Theory", *KYKLOS: International Review for Social Sciences*, 1999, 52.

[142] Lucas, R. E., Clark, A. E., Georgellis, Y., and Diener, E., "Re-examining Adaptation and the Setpoint Model of Happiness: Reactions to Changes in Marital Status", *Journal of Personality and Social Psychology*, 2003, 84 (3).

[143] Lucas, R. E., Clark, A. E., Georgellis, Y., and Diener, E., "Unemployment Alters the Set Point for Life Satisfaction", *Psychological Science*, 2004, 15 (1).

[144] Luttmer, E. F., "Neighbors as Negative: Relative Earnings and Well-being", *Quarterly Journal of Economics*, 2005, 120 (3).

[145] Maddala, G. S., *Limited-dependent and Qualitative Variables in Economics*, Cambridge University Press, 1983.

[146] Matthews, K. A., Gallo, L. C., "Psychological Perspectives on Pathways Linking Socioeconomic Status and Physical Health", *Annual Review of Psychology*, 2011, 62.

[147] Mazumder, B., "Earning Mobility in the US: A New Look at Intergenerational Inequality", Federal Reserve Bank of Chicago Working Paper, 2001.

[148] McKelvey, R. D., and Zavoina, W., "A Statistical Model for the Analysis of Order Level Dependent Variables", *Journal of Mathematical Sociology*, 1975, 4.

[149] McLoyd V. C., "Socioeconomic Disadvantage and Child Development", *American Psychologist*, 1998, 53.

[150] Michalos, A. C., "Multiple Discrepancies Theory", *Social Indicators Research*, 1985, 16.

[151] Ng, Yew-Kuang and Jianguo Wang, "Relative Income, Aspiration, Environmental Quality, Individual and Political Myopia: Why may the Rat-race for Material Growth be Welfare-reducing", *Mathematical Social Sciences*, 1993, 26.

[152] Ng, Yew-Kuang, "From Preference to Happiness: Towards a More Complete Welfare Economics", *Social

Choice and Welfare, 2003, 20.

[153] Ng, Yew-Kuang, "Happiness Studies: Ways to Improve Comparability and Some Public Policy Implications", *The Economic Record*, 2008, 84.

[154] Ng, Yew-Kuang, "Happiness Surveys: Some Comparability Issues and an Exploratory Survey Based on Just Perceivable Increments", *Social Indicators Research*, 1996, 38.

[155] Nussbaum, M. C., "Symposium on Amartya Sen's Philosophy: 5 Adaptive Preferences and Women's Options", *Economics and Philosophy*, 2001, 17.

[156] Oshio, T. Sano, S, Kobayashi, M., "Child Poverty as a Determinant of Life Outcomes: Evidence from Nationwide Surveys in Japan", *Soc Indic Res*, 2010, 99.

[157] Oswald, A. J. and Powdthavee, N., "Does Happiness Adapt? A Longitudinal Study of Disability with Implications for Economists and Judges", Working Paper, University of Warwick, 2005.

[158] Oswald, A. J., "Happiness and Economic Performance", *Economic Journal*, 1997, 1107 (445).

[159] Plug, E., "How do Parents Raise the Educational Attainment of Future Generations?", Discussion Paper, 2002.

[160] Ram, R., "Government Spending and Happiness of

the Population: Additional Evidence from Large Cross-Country Samples", *Public Choice*, 2009, 138 (3).

[161] Robert, A. C., "Object and Subject Quality of Life: An Interactive Model", *Social Indicators Research*, 2000, 52.

[162] Rojas, M., "A Conceptual Referent Theory of Happiness: Heterogeneity and Its Consequences", *Social Indicators Research*, 2005, 74.

[163] Ryan, R. M., and Deci, E., L., "On Happiness and Human Potentials: A Review of Research on Hedonic and Eudaimonic Well-being", *Annual Review of Psychologist*, 2001, 52.

[164] Ryan, R. M., and Deci, E. L., "Self-determination Theory and the Facilitation of Intrinsic Motivation, Social Development, and Well-being", *American Psychologist*, 2000, 55.

[165] Ryff, C. D., and Singer B., H., "The Contours of Positive Human Health", *Psychological Inquiry*, 1998, 9 (1).

[166] Ryff, C. D., "Psychological Well-being in Adult Life", *Current Directions of Psychological Science*, 1995, 4.

[167] Sandvik, E., Diener, E., and Seidlitz, L., "Subjective Well-being: The Convergence and Stability of Self-report and No-self-report Measures", *Journal of*

Personality, 1993, 61.

[168] Scheier, M. F., and Carver, C. S., "Optimism, Coping and Health: Assessment and Implications of Generalized Outcome Expectancies", *Health Psychology*, 1985, 4.

[169] Sen, A. K., "A Decade of Human Development", *Journal of Human Development*, 2000, 1 (1).

[170] Sen, A. K., *Development as Freedom*, New York: Knopf Press, 1999.

[171] Sen, A. K., "Health: Perception versus Observation", *British Medical Journal*, 2002, 324 (7342).

[172] Sen, A. K., "Rational, Joy and Freedom", *Critical Review*, 1996, 10 (4).

[173] Sen, A. K., "Social Exclusion: Concept, Application, and Scrutiny", Asian Development Bank, 2000.

[174] Sen, A. k., "The Living Standard", Oxford Economic Papers, 1984.

[175] Sen, A. k., "Well-being, Agency and Freedom: The Dewey Lectures 1984", *The Journal of Philosophy*, 1985, 82 (4).

[176] Sergei, G. and Ekaterina, Z., "(Un) Happiness in Transition", *Journal of Perspectives*, 2009, 23 (2).

[177] Smyth, R., and Qian, X., "Corruption and Left-wing Beliefs in a Post-socialist Transition Economy: Evidence from China's Harmonious Society", *Economics*

Letters, 2009, 102.

[178] Solon, G., "Intergenerational Income Mobility in the United States", *The American Economic Review*, 1992, 3.

[179] Stiglitz, J. E., Sen, A., Fitoussi, J. P., "Report by the Commission on the Measurement of Economic Performance and Social Progress", http://www.Stiglitz-sen-fitoussi.fr, 2010.

[180] Stones, M. J., A. Kozma. J. Hirdes and D. Gold, "Short Happiness and Affect Research Protocol", *Social Indicators Research*, 1996, 37.

[181] Strack, F., Schwarz, N., and Gschneidinger, E., "Happiness and Reminiscing: The Role of Time Perspective, Affect and Mode of Thinking", *Journal of Personality and Social Psychology*, 1985, 49.

[182] Stutzer, A., "The Role of Income Aspirations in Individual Happiness", *Journal of Economic Behavior and Organization*, 2004, 54 (1).

[183] Sugden, R., "Correspondence of Sentiments: An Explanation of the Pleasure of Social Interaction", In Luigino Bruni and Pier Luigi Porta, *Economics and Happiness: Framing the Analysis*, Oxford: Oxford University Press, 2005.

[184] Sugden, R., "Welfare, Resources and Capabilities: A Review of Inequality Reexamined by Amartya Sen", *Journal of Economic Literature*, 1993, 31.

[185] Thinley J. Y. , "What does Gross National Happiness (GNH) Mean?" The Second International Conference on Gross National Happiness, Canda: St. Francis Xavier University, 2005.

[186] UNDP, *Human Development Report*, New York: Oxford University Press, 1997.

[187] UNDP, *Human Development Report*, New York: Oxford University Press, 2004.

[188] UNDP, *Human Development Report*, New York: Oxford University Press, 1990.

[189] Ura K. , Alkire S. , Zangmo T, and K. , "Wangdi: An Extensive Analysis of GNH Index", The Centre for Bhutan Studies, Thim-phu, 2012.

[190] Van Praag, Bernard M. S. , and Kapteyn, Arie, "Further Evidence on the Individual Welfare Function of Income: An Empirical Investigation in the Netherlands", *European Economic Review*, 1973, 4.

[191] Veenhoven, R. , *Conditions of Happiness*, Dordrecht: Kluwer Academic Press, 1984.

[192] Veenhoven, R. , "Developments in Satisfaction-research", *Social Indicators Research*, 1996, 37.

[193] Veenhoven, R. , "Happiness in Nations, Subjective Appreciation of Life in 56 Nations 1946 – 1992", Rotterdam, The Netherlands: Erasmus University, 1993.

[194] Veenhoven, R., "Is Happiness Relative?", *Social Indicators Research*, 1991, 24 (1).

[195] Veenhoven, R., "Quality-of-Life in Individualistic Society: A Comparison of 43 Nations in the Early 1990's", *Social Indicators Research*, 1999, 48 (2).

[196] Wilkinson, R. G., *Unhealthy Societies: The Afflictions of Inequality*, London: Routledge, 1996.

[197] Wolfers, J., "Is Business Cycle Volatility Costly? Evidence from Surveys of Subjective Well-being", *International Finance*, 2003, 6 (1).

[198] Yoder, K. A., Hoyt, D. R., "Family Economic Pressure and Adolescent Suicidal Ideation: Application of the Family Stress Model", *Suicidal and Life — Threatening Behavior*, 2005, 35 (3).

图书在版编目(CIP)数据

发展与幸福/冯贺霞著.--北京：社会科学文献出版社，2016.11
（国际减贫与发展丛书）
ISBN 978-7-5201-0054-0

Ⅰ.①发… Ⅱ.①冯… Ⅲ.①发展经济学－研究 Ⅳ.①F061.3

中国版本图书馆 CIP 数据核字（2016）第 287962 号

·国际减贫与发展丛书·

发展与幸福

著　　者	/ 冯贺霞
出 版 人	/ 谢寿光
项目统筹	/ 周　丽　冯咏梅
责任编辑	/ 冯咏梅
出　　版	/ 社会科学文献出版社·经济与管理出版分社（010）59367226 地址：北京市北三环中路甲29号院华龙大厦　邮编：100029 网址：www.ssap.com.cn
发　　行	/ 市场营销中心（010）59367081　59367018
印　　装	/ 三河市东方印刷有限公司
规　　格	/ 开本：787mm×1092mm　1/16 印张：15.75　字数：161千字
版　　次	/ 2016年11月第1版　2016年11月第1次印刷
书　　号	/ ISBN 978-7-5201-0054-0
定　　价	/ 79.00元

本书如有印装质量问题，请与读者服务中心（010-59367028）联系

▲ 版权所有 翻印必究